Mammut,
Urmensch, Höhlenbär

Für Suzanne und Barnabé, Kinder der Spezies Homo sapiens,
die weniger gut auf Bäume klettern können als Australopithecus,
aber geschickter sind als Homo habilis *und sich ebenso*
gerade halten wie Homo erectus, *selbst bei Tisch!*
V.A.

Für Saïd und Salomé
E.T.

Ebenfalls erhältlich:

ISBN 978-3-8369-5748-9

ISBN 978-3-8369-6029-8

ISBN 978-3-8369-5911-7

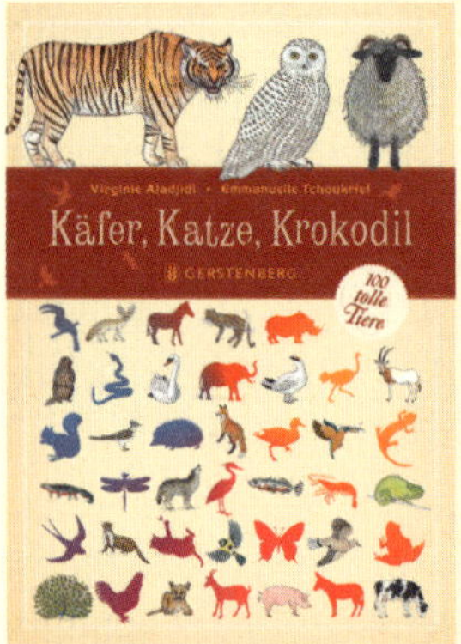

ISBN 978-3-8369-5328-3

ISBN 978-3-8369-5364-1

ISBN 978-3-8369-5949-0

ISBN 978-3-8369-5673-4

ISBN 978-3-8369-5992-6

2. Auflage 2022
Layout und Gestaltung: cedricramadier.com
Die Originalausgabe erschien 2019 unter dem Titel *Inventaire de la préhistoire*
bei Albin Michel Jeunesse

Übersetzung: Cornelia Panzacchi, Göttingen
Der Gerstenberg Verlag dankt Prof. Dr. Thomas Terberger, Georg-August-Universität,
Göttingen, für die fachliche Beratung.
Printed in Latvia
www.gerstenberg-verlag.de
ISBN 978-3-8369-6097-7

Virginie Aladjidi & Emmanuelle Tchoukriel

Mammut, Urmensch, Höhlenbär

Leben in der Steinzeit

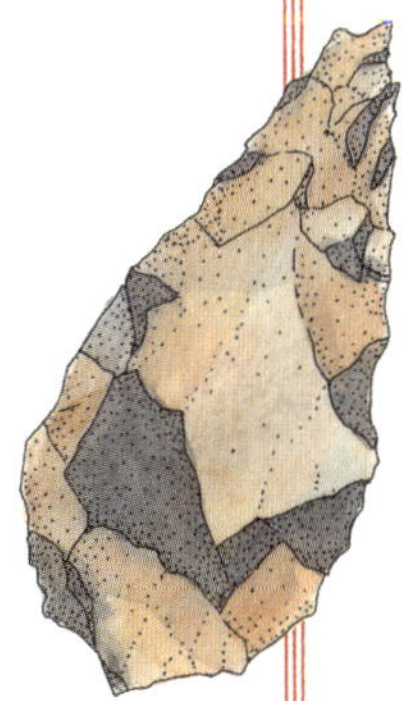

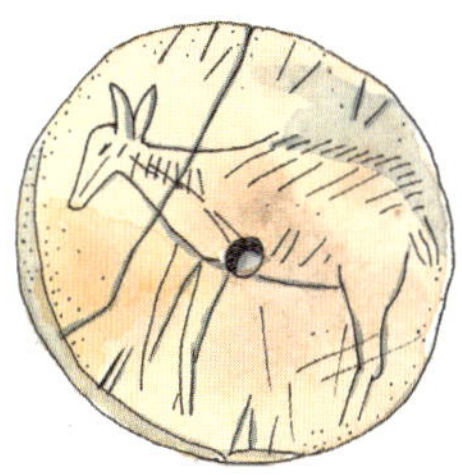

GERSTENBERG

Begriffserklärung:

Hominiden: Unter diesem Begriff werden alle Menschenaffen zusammengefasst. Dazu gehören Gorillas, Orang-Utans, Schimpansen und auch der Mensch mit seinen Vorfahren der Gattung *Homo*. Das zugehörige Adjektiv ist hominid.

Hominini: Die Hominini gehören zu den Hominiden und umfassen ausschließlich den heutigen Menschen *(Homo sapiens)* und seine ausgestorbenen Vorfahren. Das zugehörige Adjektiv ist hominin.

Das wissenschaftliche Fachlektorat übernahm **Jean-Luc Rieu,** Kurator am Musée départemental de Préhistoire d'Île-de-France in Nemours und Öffentlichkeitsbeauftragter dieses Museums für Urgeschichte.
Er ist außerdem Ehrenpräsident der Vereinigung ArkéoMédia und Mitglied der staatlich geförderten Forschungsgruppe „Ethnologie préhistorique".

THEMEN-ÜBERSICHT

VORWORT

Die Steinzeit begann mit dem Auftreten der Gattung *Homo* vor etwa drei Millionen Jahren und endete in Europa mit der Bronzezeit zwischen 3300 und 1800 v. Chr., als die Menschen anfingen, vor allem Metall statt Stein zu verwenden. Andernorts dauerte die Steinzeit teilweise länger: In Australien endete sie erst 1606 n. Chr. mit der Ankunft der ersten Europäer auf diesem Kontinent.

Die ersten bewussten Entdeckungen von Fossilien, also Überresten steinzeitlicher Lebewesen, erfolgten in den 1830er-Jahren. Seitdem erforschen Wissenschaftler, sogenannte Paläontologen, überall auf der Welt urzeitliche Fundstätten, darunter Höhlen mit bemalten Wänden (Höhlenmalerei), bemalte oder behauene Steine (Felskunst), Grabstätten und Gebrauchsgegenstände. In diesem Buch stellen wir eine Auswahl davon vor.

*

I. Eine kurze Geschichte der Menschheit

Vor ungefähr zwölf Millionen Jahren (und 55 Millionen Jahre nach dem Aussterben der Dinosaurier) …

… lebte im Allgäu *Danuvius guggenmosi*, ein möglicher Vorfahre der ersten Hominini und der Menschenaffen, der sehr wahrscheinlich bereits aufrecht gehen konnte.

Vor ungefähr 7,5 Millionen Jahren …

… lebte *Sahelanthropus tchadensis*, von dem bisher nur ein einziges Fossil aufgefunden wurde: der Schädel von Toumaï im Tschad. Dieser Menschenaffe war vermutlich ebenfalls schon dazu in der Lage, auf zwei Beinen zu laufen.

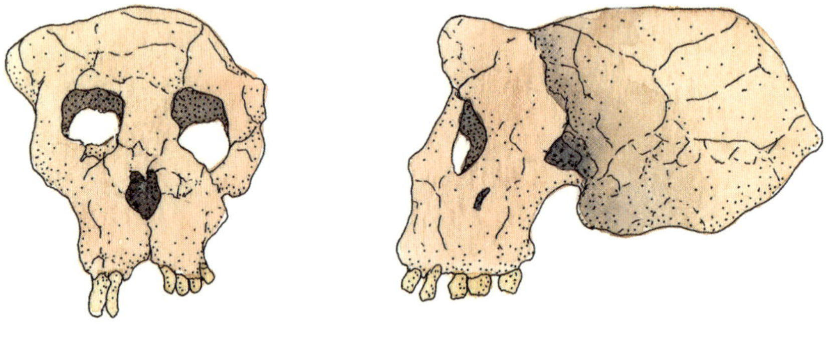

Vor ungefähr sieben Millionen Jahren …

… trennten sich bei den Primaten die Hominini und die Panini (die Gruppe, der die Schimpansen angehören). Diese Abspaltung gilt allgemein als Geburt der eigentlichen Menschen, allerdings bestehen mehrere Klassifikationssysteme nebeneinander.

Vor ungefähr 4,4 Millionen Jahren …

… lebte auf der Erde die Art *Ardipithecus ramidus*, von der 1992 in Äthiopien an die 30 Fossilien gefunden wurden. Ein beinahe vollständiges weibliches Skelett von 1,20 Meter Größe erhielt den Namen Ardi und stellt das bisher älteste bekannte hominide Skelett dar. Diese Art ging auf zwei Beinen, konnte wegen der platten Füße aber nicht schnell laufen.

Vor ungefähr 4,2 Millionen Jahren …

… trat die Gattung *Australopithecus* auf. Der Name bedeutet „südlicher Affe", denn die ersten Fossilien wurden in Südafrika entdeckt. Ebenso wie die Gattung *Homo* gehört sie der Unterfamilie der Hominini an.

Es gab mehrere *Australopithecus*-Arten, die alle auf Bäumen lebten. Einige von ihnen entwickelten die Fähigkeit, sich neben ihren Kletterkünsten auch längere Zeit auf zwei Beinen fortzubewegen, darunter die in der Savanne vorkommende Art *Australopithecus anamensis*. Die Untersuchung von Kieferfossilien ergab, dass die Individuen dieser Art durch Schreie kommunizierten, aber noch keine Sprache im eigentlichen Sinne hatten.

Die bekanntesten Australopithecinen sind:

- Lucy, *Australopithecus afarensis* (vor 3,5 Millionen Jahren): Entdeckung des Skeletts durch Donald Johanson und John Gray 1974 in Äthiopien.
- Little Foot, *Australopithecus prometheus* (vor 3,5 Millionen Jahren): Entdeckung des beinahe vollständigen Skeletts 1995 in Südafrika.
- Abel, *Australopithecus bahrelghazali* (vor 3,5 Millionen Jahren): Entdeckung eines fossilen Unterkiefers durch Michel Brunet 1995 im Tschad westlich des Großen Afrikanischen Grabenbruchs. Dieser Fund stellte die *East Side Story* genannte Theorie infrage, der zufolge die ersten Menschen östlich dieses Grabenbruchs aufgetreten seien.

Vor drei Millionen Jahren …

… trat erstmals die Gattung *Homo* auf. Ihr rechnet man alle auf zwei Beinen gehenden Primaten zu, die Gedanken ausdrücken und Werkzeug herstellen können. Zu dieser Gattung gehören mehrere Arten, die gleichzeitig oder nacheinander gelebt haben, sowie unsere eigene Art *Homo sapiens.*

Heutige Wissenschaftler gehen davon aus, dass der Zweig *Homo* parallel zu dem der Australopithecinen verläuft.

Ständig erfolgen neue Entdeckungen, die ältere Theorien widerlegen oder dazu führen, dass die Existenz bestimmter Arten infrage gestellt wird oder aber dass Arten „zusammengelegt" werden. So ging man lange Zeit davon aus, dass die Gattung *Homo* erstmals in Gestalt von *Homo habilis* in Afrika aufgetreten sei. Doch seit 1986 wissen wir, dass in Asien gleichzeitig andere Angehörige dieser Gattung lebten, die Werkzeuge benutzten: in Indien der Masol-Mensch und in China der Wushan-Mensch.
Kann es mehrere Entwicklungszentren gegeben haben?

Diese vereinfachte Grafik stellt die Entwicklung der ersten Menschenformen dar. Sie zeigt vor allem Arten, deren Existenz wissenschaftlich gut belegt ist. Bis auf *Homo sapiens* sind heute alle *Homo*-Arten ausgestorben.

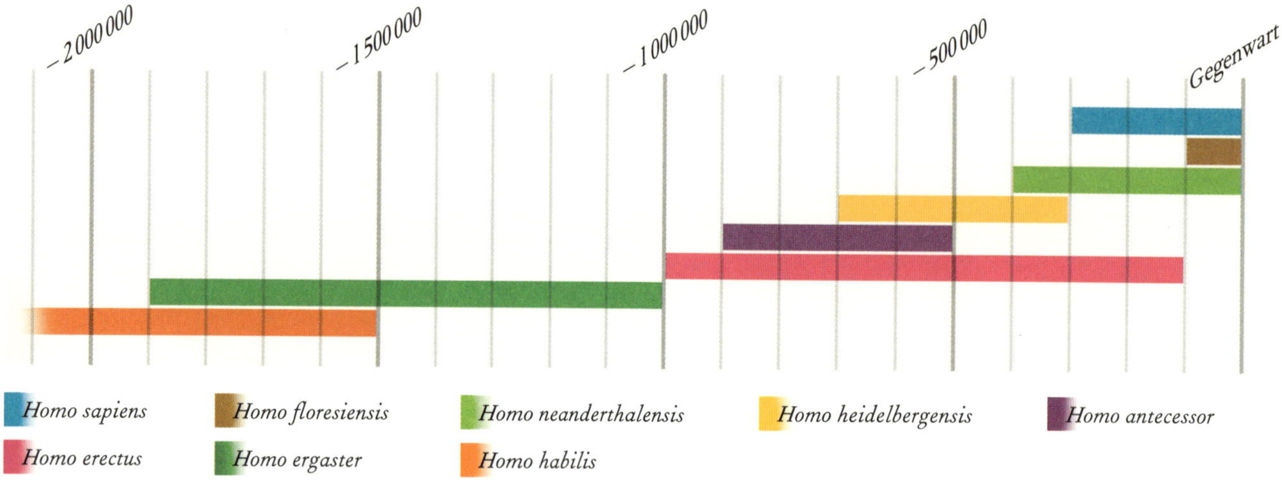

II. DIE DREI WICHTIGSTEN ABSCHNITTE DER URGESCHICHTE

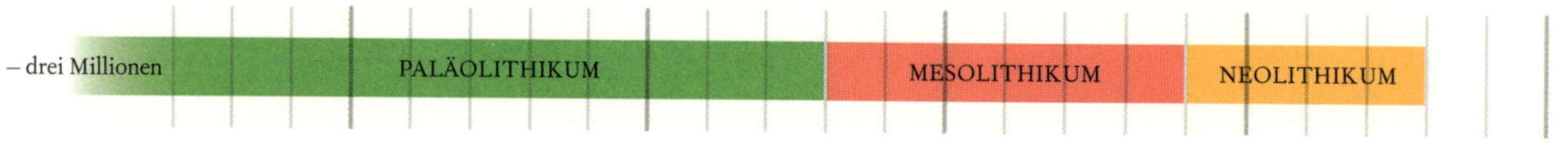

- **Paläolithikum** oder Altsteinzeit (vor etwa drei Millionen bis 12 000 Jahren)
- **Mesolithikum** oder Mittelsteinzeit: eine Zeit der Klimaerwärmung, in der einige große Säugetiere ausstarben, darunter das Mammut und das Wollnashorn (ungefähr von 12 000 bis 6000 v. Chr.).
- **Neolithikum** oder Jungsteinzeit: Die Menschen wurden sesshaft (in Europa von 6000 bis 2000 v. Chr., je nach Region) und es entwickelten sich Ackerbau und Viehzucht.

III. DIE WANDERUNGEN DER GATTUNG *HOMO*

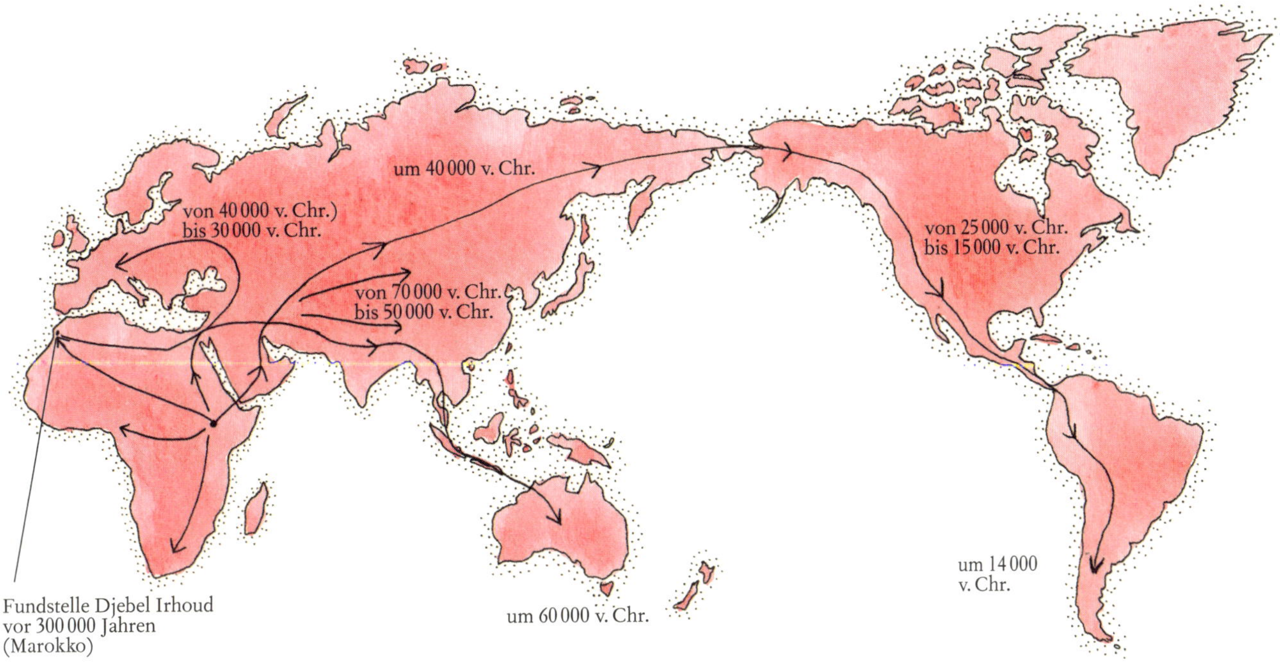

Fossilien und Objekte der Gattung *Homo* wurden auf allen Kontinenten gefunden. Das beweist, dass unsere Vorfahren über die Erde wanderten.

Vor ungefähr zwei Millionen Jahren verließen bestimmte Populationen von *Homo ergaster* **Afrika.** Es bildeten sich zwei Gruppen: Die eine zog direkt zum Kaukasus, einem Gebirge zwischen **Europa** und Asien. Die andere wanderte möglicherweise quer über Nordafrika und die Iberische Halbinsel zunächst ebenfalls zum Kaukasus und dann weiter nach **Asien.**

Aus den in Afrika verbliebenen Gruppen von *Homo ergaster* gingen später erst der *Homo erectus* und dann der *Homo heidelbergensis* hervor, der afrikanische Vorfahre des *Homo sapiens.*

Homo heidelbergensis wanderte ebenfalls über den Nahen Osten oder die Iberische Halbinsel nach Europa. Aus dieser Art entwickelte sich der Neandertaler, dessen Auftreten sich mit *Homo sapiens* überschnitt.

Auch *Homo sapiens* war wanderfreudig. Er erreichte **Nordamerika** entweder über eine damals bestehende Landbrücke oder indem er mit Flößen über das Meer fuhr. Wann genau das geschah, ist noch nicht geklärt. Man nimmt jedoch an, dass es um 25 000 bis 15 000 v. Chr. war.

Homo sapiens zog auch in Richtung **Arktis.** Aufgrund von Funden bei Havtsgayd (Mongolei) geht man davon aus, dass diese Wanderung um 40 000 v. Chr. stattfand.

Australien wurde ungefähr 60 000 v. Chr. von Populationen aus Südostasien besiedelt, zu einem Zeitpunkt, als der Meeresspiegel sehr niedrig war.

Die Entdeckung von Höhlenmalereien in Chile, Brasilien, Argentinien, Mexiko und Venezuela werfen die Frage auf, ob **Südamerika** erstmals um etwa 44 000 v. Chr. von Menschen besiedelt wurde. Aber das würde bedeuten, dass sie über das Meer gekommen sein müssten, ohne Nordamerika zu betreten.

IV. WIE SICH DER MENSCH ENTWICKELTE

Entdeckungen und Forschungen ergaben, dass folgende Merkmale für die Zuordnung menschlicher Vorfahren entscheidend sind:

1. Der aufrechte **zweibeinige** Gang war eine wichtige Entwicklungsstufe des Menschen, denn durch das Aufrichten vergrößerte sich sein Sichtfeld. Anders als bei den Menschenaffen kann der große Zeh beim Menschen den anderen Zehen nicht entgegengestellt werden, der Fuß kann also nicht mehr greifen.

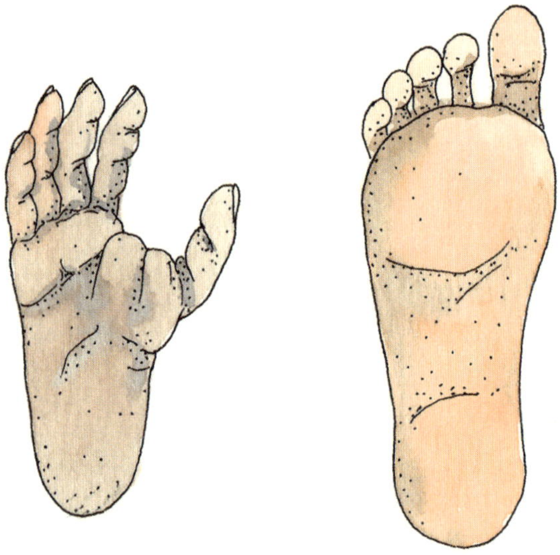

Durch die Zweibeinigkeit veränderte sich die Position des Schädels. Das wiederum beeinflusste den Stimmapparat, und der Mensch begann, artikuliert zu sprechen. Weil die Luft nicht länger nur durch die Nase eingeatmet wurde, konnten nun Vokale hervorgebracht werden. Die Sprache wiederum, über die der Austausch von Informationen möglich ist, trug wesentlich zur Entwicklung des Menschen bei.

Eine weitere Folge der Zweibeinigkeit war die Zerebralisation, das heißt die Zunahme des Gehirnvolumens: *Australopithecus* besaß 25 Milliarden Neuronen, bei *Homo sapiens* sind es 100 Milliarden.

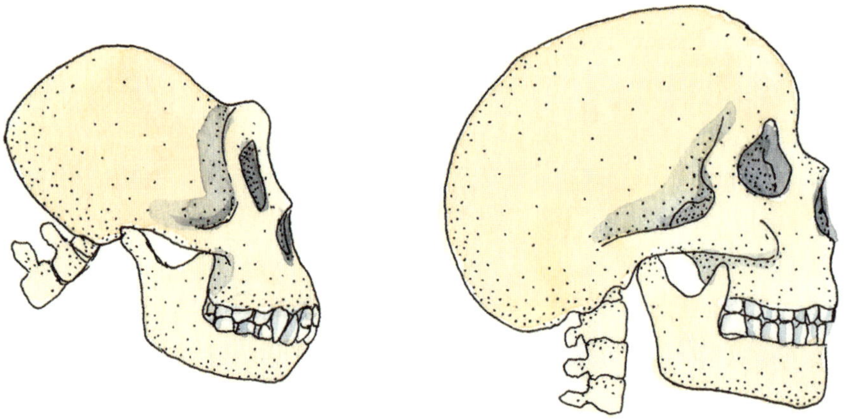

Durch den Übergang von der vierbeinigen zur zweibeinigen Haltung hatten die frühen Menschen die Hände frei. Dadurch wurde es ihnen möglich, erste Werkzeuge herzustellen und dann mit zunehmendem Geschick immer komplexere Objekte.

Mit der aufrechten Haltung ging die senkrechte Stellung des Beckens einher. Damit verkürzte sich die Schwangerschaftsdauer von zwölf auf neun Monate, weil das Neugeborene sonst zu groß geworden wäre, um durch den Geburtskanal zu passen.

2. Frühe Menschen verloren nach und nach die **Behaarung** am Körper und begannen zu schwitzen. Auf diese Weise konnten sie ihre Körpertemperatur regulieren und längere Strecken gehen. Das wiederum ermöglichte ihnen, Regionen mit unwirtlichem Wetter zu verlassen. Nach dem Verschwinden des Fells veränderten sich auch die Hautfarben.

3. Da die einzelnen Gruppen immer größer wurden, entwickelte sich die **Sozialisation.** Bei Menschenaffen und frühen Hominini konnte eine Gruppe maximal aus 50 Individuen bestehen. Menschen dagegen sind in der Lage, in wesentlich größeren Gruppen zusammenzuleben, weil sie imstande sind, sich zu organisieren.

4. Die Neigung zur **Nutzung von Symbolen und zur Kunst** scheint mit dem Menschsein untrennbar verbunden zu sein.

5. Die männlichen Vertreter der meisten Säugetierarten (darunter auch Australopithecinen und Menschenaffen) besitzen einen nicht mit dem Skelett verbundenen **Penisknochen** oder *baculum*, der in der Entwicklung des Menschen zu einem uns nicht bekannten Zeitpunkt **verschwunden** ist.

6. Beim Menschen ist im Gegensatz zu den meisten Tieren das **Weiß der Augäpfel** gut zu erkennen, wodurch ihre Blickrichtung deutlich wird.

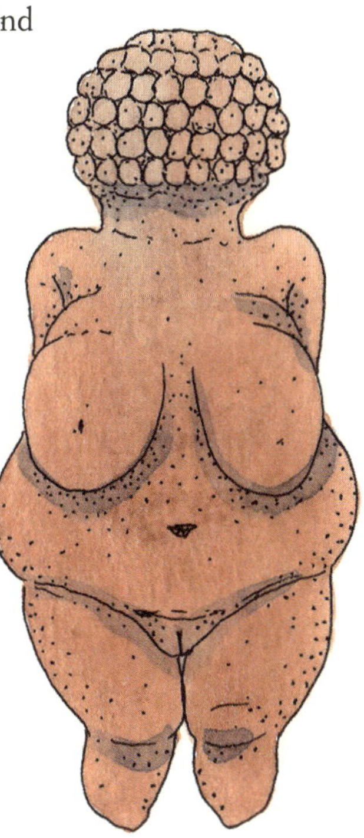

Venus von Willendorf, weibliche Statuette, Österreich (25 000 v. Chr.)

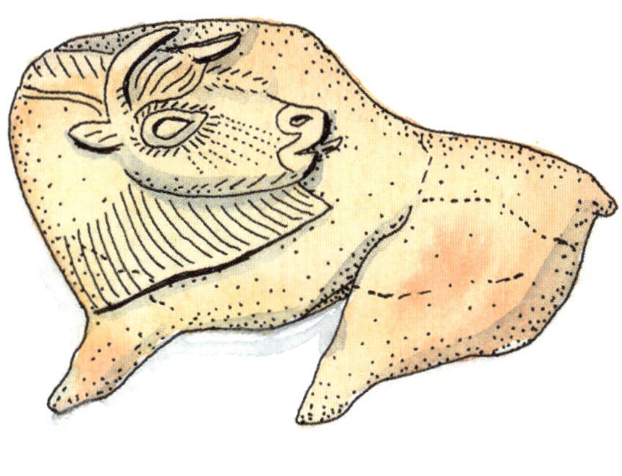

„Sich leckender Bison", geschnitzter Rentierknochen, Fundstelle La Madeleine, Dordogne, Frankreich (13 000 v. Chr.)

V. DIE ERFORSCHUNG DER STEINZEIT

Wer sind die Leute, die herauszufinden versuchen, wie die Menschen der Steinzeit lebten?

Geologen untersuchen Gestein und Gesteinsformationen.

Archäologen suchen nach vor- und frühgeschichtlichen Stätten, legen sie frei und bestimmen und beschreiben ihre Funde.

Paläontologen befassen sich mit den Fossilien längst ausgestorbener Arten.

Archäozoologen finden anhand von fossilen Knochen und Spuren heraus, wie urzeitliche Tiere lebten und vom Menschen genutzt wurden.

Palynologen studieren Pflanzenpollen und können anhand ihrer Forschungsergebnisse ganze Landschaften rekonstruieren.

Paläoanthropologen beschäftigen sich mit menschlichen Fossilien der Urgeschichte.

Paläopathologen erforschen die Krankheiten der frühen Menschen.

Ihre Forschungsergebnisse vermitteln sie anderen Wissenschaftlern und der breiten Öffentlichkeit auf Konferenzen, durch Vorträge, Artikel und Bücher, in Filmen und Museumsausstellungen.

Paläontologen analysieren vor allem die Überreste von großen Tieren und, wenn auch in geringerem Maße, von Menschen. Letztere sind gewöhnlich nur selten erhalten und zerfallen, sobald sie der Luft ausgesetzt sind, ebenso wie die Überreste von kleinen Tieren und Insekten.

Damit ein Skelett zu einem Fossil wird und auf diese Weise lange erhalten bleibt, muss es rasch in Erde, Sand, Eis oder Schlamm einsinken oder darin eingebettet werden. Zähne überdauern meist länger als Knochen. Forscher können an ihnen erkennen, ob sich das Lebewesen, zu dem sie gehören, überwiegend von Pflanzen oder Fleisch ernährte.

In all diesen Wissenschaftsbereichen werden ständig neue Entdeckungen gemacht, die ältere Forschungsergebnisse bestätigen oder aber widerlegen. So erfolgte die Datierung prähistorischer Funde bis vor Kurzem vor allem mittels der in den 1950er-Jahren entwickelten Radiokarbonmethode. Allerdings lässt sich mit ihr nur das Alter organischer Materialien bestimmen (Knochen, Holz, Holzkohle) und sie funktioniert nicht bei Objekten, die älter als 50 000 Jahre sind. Die neu entwickelte Kalium-Argon-Datierung ermöglicht sogar die Untersuchung von bis zu 4,6 Milliarden Jahren altem Gestein wie beispielsweise Meteoriten.

Außerdem kann man heute anhand der Analyse von altem Erbgut (DNA) aus Knochen die Beziehungen zwischen den verschiedenen bisher entdeckten *Homo*-Arten bestimmen.

Die Geschichte der Steinzeit ist also noch nicht fertig geschrieben …

Die Autorinnen
Virginie Aladjidi und
Emmanuelle Tchoukriel

*

Mit Tinte und Aquarellfarben fertigte **Emmanuelle Tchoukriel** die Zeichnungen zu diesen frühen Menschen, von *Homo habilis* bis *Homo sapiens,* sowie ihrem Lebensraum, den Gebrauchsgegenständen, die sie herstellten, und den Tieren, die ihnen in ihrem Alltag begegneten.

Homo habilis

Homo habilis trat vor ungefähr 2,1 Millionen Jahren in Äthiopien auf und verschwand vor 1,5 Millionen Jahren.
Übersetzt bedeutet sein Artname „geschickter Mensch“: *Homo habilis* verstand es, Steine so zu bearbeiten, dass er sie als Werkzeug nutzen konnte. Aufgrund dieser Fähigkeit, sich ein Objekt erst vorzustellen und diese Vorstellung dann praktisch umzusetzen, gilt er als erster Vertreter der Gattung Mensch.
Er war 1,30 bis 1,50 Meter groß und wog um die 30 Kilogramm. Er ging auf zwei Beinen, konnte dank seiner langen Arme aber auch geschickt in den Baumkronen klettern. *Homo habilis* legte große Entfernungen zurück. Auf seinen Wanderungen durch die Baumsavanne schlug er, wenn er müde war, ein Lager auf oder suchte in einem natürlichen Unterschlupf Schutz. Er ernährte sich überwiegend vegetarisch. Nach heutigem Kenntnisstand war er zwar nicht in der Lage, selbst zu jagen, nahm sich aber von Raubtieren übrig gelassene Fleischstücke ihrer Beute. Auch den Umgang mit Feuer beherrschte er noch nicht. Man nimmt an, dass er unterschiedliche Laute hervorbrachte, aber nicht über eine eigentliche Sprache verfügte.

info+

Von *Homo habilis* wurden bisher an die Hundert Überreste gefunden, die Hälfte davon sind Zahnreste.

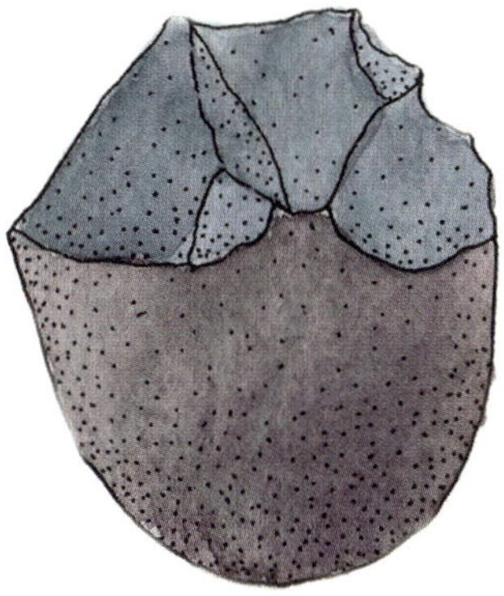

Ein von Homo habilis *gefertigter Chopper, ein Steinwerkzeug mit einer Schneide*

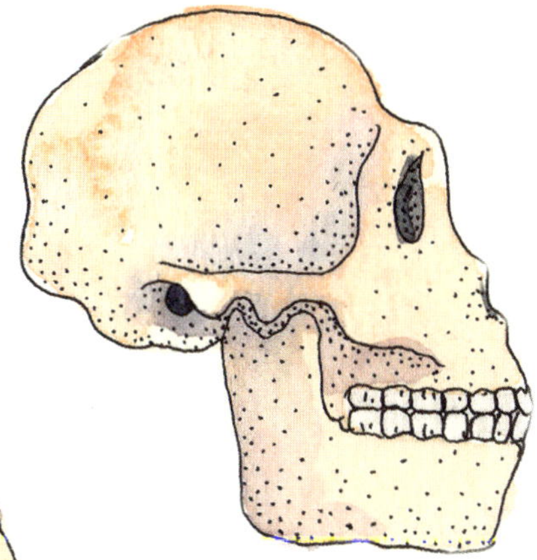

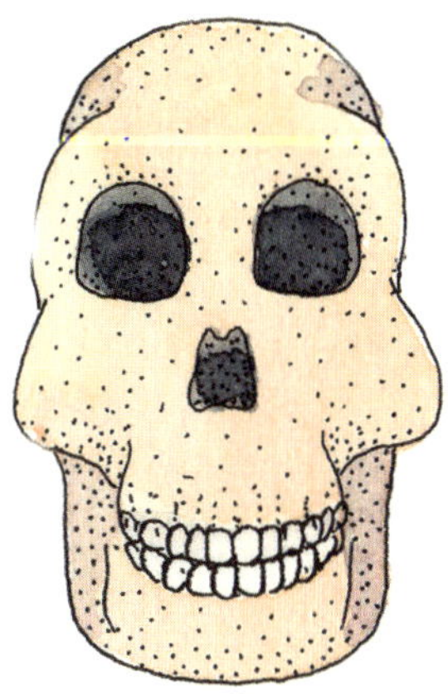

Umstrittene Arten

Gehören sie bereits bekannten Arten an?

Masol-Mensch: Benannt nach der Fundstätte in Indien, an der man 2009 über 200 primitive Werkzeuge sowie Tierknochen mit Schnittspuren fand. All diese Funde sind der Datierung zufolge 2,55 Millionen Jahre alt.

Wushan-Mensch: Die Longgupo-Höhle in China wurde vor 2,4 Millionen Jahren von Vorläufern von *Homo erectus* bewohnt. Vermutlich handelte es sich um *Homo habilis* oder eine noch unbekannte Affenart.

Homo rudolfensis: Eine 1972 in Ostafrika entdeckte Hominini-Art, die vor 2,4 bis 1,8 Millionen Jahren gelebt haben könnte. Der *Homo rudolfensis* war ein Zeitgenosse von *Homo habilis,* der sich in Gesicht und Unterkiefer von diesem unterschied.

Homo georgicus: Eine 1999 im Kaukasus zwischen Europa und Asien entdeckte Hominini-Art, die vor 1,8 Millionen Jahren lebte. Allerdings könnte es sich hierbei auch um Exemplare von *Homo erectus* handeln.

Deinotherium giganteum

Deinotherium giganteum aus der Ordnung der Rüsseltiere, der auch die heutigen Elefanten angehören, lebte vor 22 Millionen bis 3,6 Millionen Jahren in Afrika und Eurasien. Sein Rüssel ist kürzer als der heutiger Elefanten und seine Stoßzähne sind nach unten gebogen. Vermutlich setzte er sie ein, um im Boden nach Wurzeln zu graben und um Äste zu sich heranzuziehen. Mit einer Schulterhöhe von bis zu vier Metern und einem Gewicht von zehn bis 14 Tonnen zählt er zu den drei größten Landsäugetieren aller Zeiten. Ein vollständiges Skelett wird im Naturkundemuseum von Bukarest ausgestellt, ein kleineres sehr gut erhaltenes Skelett im Museum für Naturkunde in Stuttgart.

— *Tafel 2* —

Südelefant

Mammuthus meridionalis

Der Südelefant lebte vor 2,6 Millionen bis 700 000 Jahren. Zunächst trat er nur in Afrika auf, später dann auch in Europa (dort vor allem in Griechenland) und schließlich in Amerika. Er war bis zu vier Meter hoch und sieben Tonnen schwer und besaß wahrscheinlich kein Fell. Sein Lebensraum waren Wälder und Steppen.
Ein Skelett kann im Pariser Nationalmuseum für Naturgeschichte besichtigt werden, wo er als „Elefant von Durfort" vorgestellt wird. Das Skelett wurde im 19. Jahrhundert in der Nähe des Dorfes Durfort am Fluss Gard in Frankreich gefunden.

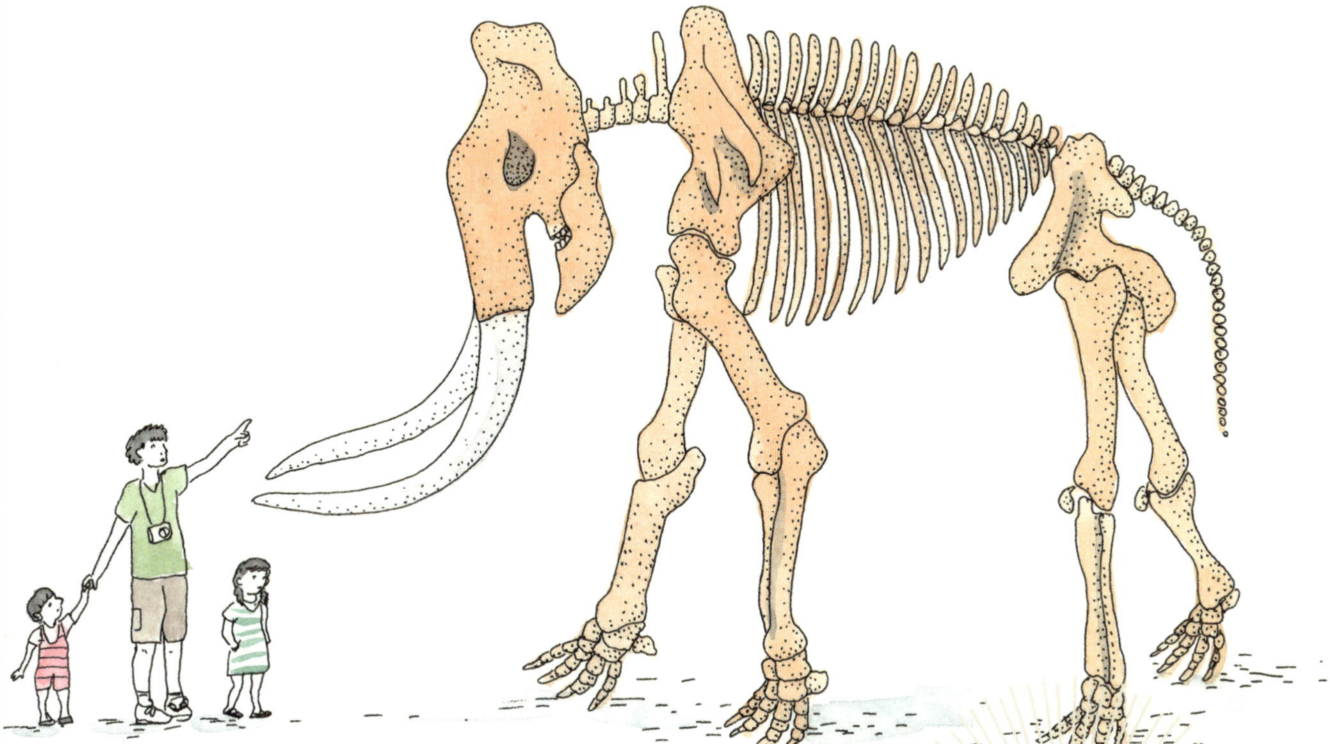

info+

Im Laufe der Zeit entwickelte sich aus dem Südelefanten das Steppenmammut und aus diesem wiederum das Wollhaarmammut (siehe Tafel 23).

— *Tafel 3* —

Homo ergaster

Sein Name bedeutet „arbeitender Mensch“. Diese *Homo*-Art trat erstmals in Afrika auf und verbreitete sich später bis nach Asien. Aus ihr ging der seit dem 19. Jahrhundert bekannte *Homo erectus* hervor. *Homo ergaster* lebte vor zwei Millionen Jahren in Ost- und Südafrika und wanderte von dort aus in den Nahen Osten, nach Asien und Europa. Er lebte gleichzeitig mit *Homo habilis* und *Paranthropus boisei*, der aufgrund seiner großen Eckzähne auch als „Nussknackermensch“ bezeichnet wird und mit dem er zweifellos einen Vorfahren gemeinsam hat. Männliche Individuen der Art *Homo ergaster* waren um 30 Prozent größer als die weiblichen, sie erreichten eine Körpergröße von bis zu 1,75 Metern und ein Gewicht von 70 Kilogramm. *Homo ergaster* erfand den Faustkeil, ein auf beiden Seiten scharf und spitz zugearbeitetes Steingerät, das der Steinzeitkultur Acheuléen zugerechnet wird. Er war in der Lage, weite Strecken zurückzulegen, und suchte von einem Basislager aus nach Rohstoffen und Nahrung. Diese Art ernährte sich durch Jagen und Sammeln, scheint aber nicht gefischt zu haben, und kannte bereits den Umgang mit Feuer.

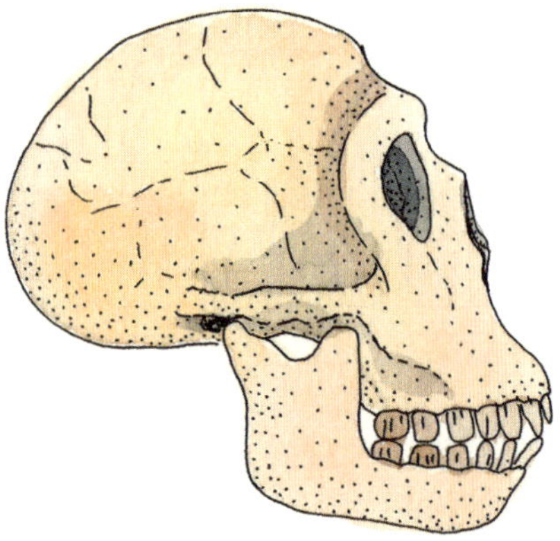

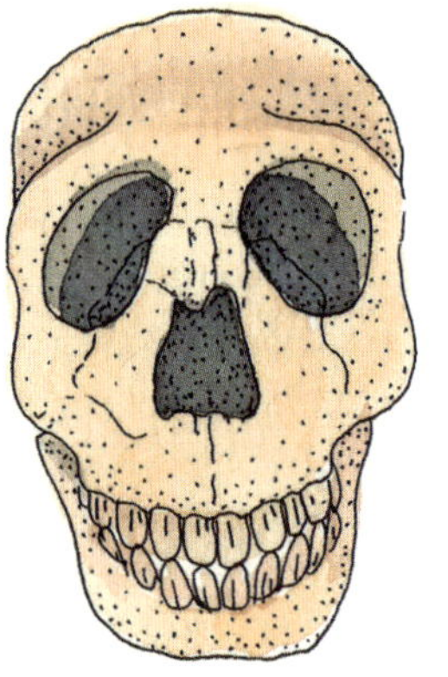

Faustkeil

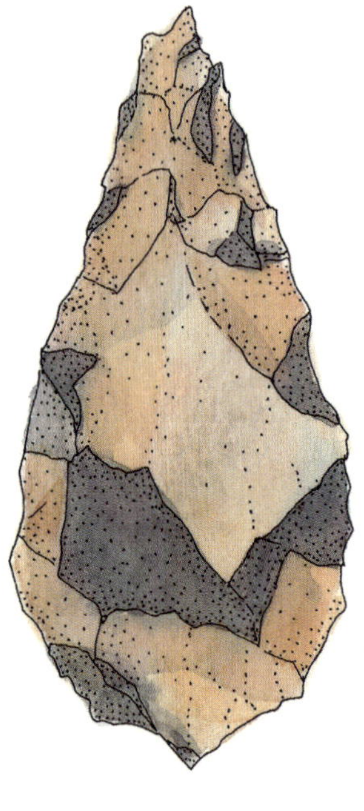

Weitere Hominini

Homo antecessor: Eine 1994 in der Sierra de Atapuerca in Spanien entdeckte Art. Der Name bedeutet: „Vorläufermensch“. Er trat um 860 000 v. Chr. auf und könnte Kannibale gewesen sein.

Homo heidelbergensis: Eine Art, die wahrscheinlich von *Homo erectus* abstammt. Später entwickelte sie sich zum Neandertaler weiter.

Homo floresiensis: Fossile Überreste dieser Art wurden 2003 in einer Höhle auf der indonesischen Insel Flores gefunden und auf 100 000 bis 60 000 v. Chr. datiert. Wegen ihrer geringen Größe trägt diese Art den Spitznamen „Hobbit“.

Homo naledi: Diese Art, deren Fossilien 2015 in der Rising-Star-Höhle in Südafrika entdeckt wurden, lebte vor 300 000 Jahren und damit gleichzeitig mit dem Neandertaler und dem Denisova-Mensch (siehe Tafel 17).

Homo erectus

Homo erectus bedeutet „aufgerichteter Mensch“. Diese Art lebte von etwa 1,9 Millionen bis 100 000 v. Chr. in Eurasien und Afrika, sodass ihre Vertreter Neandertalern begegnet sein könnten. Die Männer wurden bis zu 1,70 Meter groß und 70 Kilogramm schwer. Um 400 000 v. Chr. lernte *Homo erectus* (ebenso wie der Zhoukoudian-Mensch in China), durch Blitze oder flüssige Lava erzeugtes Feuer zu nutzen und an Feuerstellen zu bewahren. Er entwickelte neue Techniken der Steinbearbeitung, darunter ungefähr um 400 000 v. Chr. die sogenannten Levalloistechnik, bei der Werkzeuge durch das Abschlagen aus größeren Steinen hergestellt werden. Er nutzte seine Steinwerkzeuge als Waffen im Kampf und bei der Jagd auf Großwild, ernährte sich aber auch von Muscheln. Man nimmt an, dass er eine frühe Form von Sprache verwendete.

Am Strand von Terra Amata bei Nizza, vor 400 000 Jahren
In ungefähr 20 Hütten wohnten 15 bis 20 nomadisierende Jäger, die häufig ihren Wohnort wechselten. Da sich seit dieser Zeit der Meeresspiegel verändert hat, befindet sich die Fundstelle heute in 26 Metern Höhe über dem Meer.

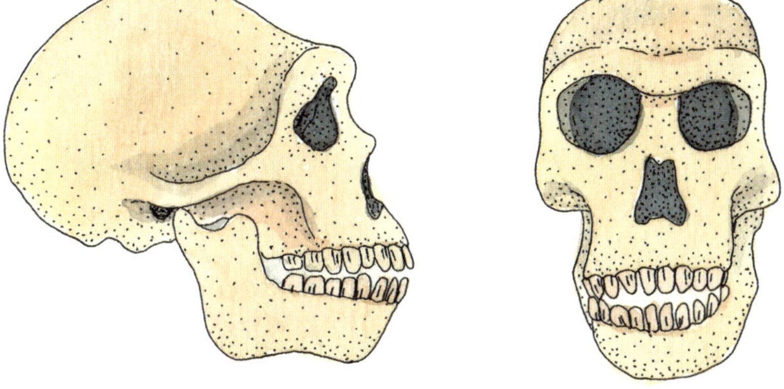

Steppenbison

Bos priscus

Der Steppenbison stammt ursprünglich aus Europa, wo er vor etwa 700 000 Jahren auftrat und ein Zeitgenosse des Wollhaarmammuts, des Pferdes und des Löwen war. Er erreichte eine Schulterhöhe von 1,20 Metern, besaß lange Hörner und lebte in Herden. Der Neandertaler jagte ihn mit Speeren und Lanzen.
In der Höhle von Lascaux in Frankreich finden sich 39 Bisondarstellungen, und man kann Bisonzeichnungen auch an den Wänden der Höhlen Altamira in Spanien und der Chauvet-Höhle in Frankreich bewundern. Der Bison wurde von den Künstlern als kraftvolles Tier dargestellt und war für die Menschen damals vielleicht ein mythisches Symbol.
Ein auf natürliche Weise mumifizierter 9300 Jahre alter Kadaver wurde im Jahr 2011 im sibirischen Permafrostboden gefunden.

Aus dem Steppenbison ging der moderne Wisent hervor, der nur noch in wenigen Ländern wie Polen und Russland wild lebend anzutreffen ist. In Nordamerika entwickelte sich aus dem Steppenbison der früher fast ausgerottete Amerikanische Bison.

info+

info+

An manchen Höhlenwänden sieht man einen Bison mit kürzeren Hörnern. Er soll neuesten Erkenntnissen zufolge eine Kreuzung aus Steppenbison und Auerochse sein.

Auerochse oder Ur

Bos primigenius

Der Auerochse ist der Vorfahre der modernen Rinder. Er war wesentlich größer und kräftiger als diese und hatte im Verhältnis auch längere Beine. Der Auerochse trat vor zwei Millionen Jahren in Indien auf und breitete sich dann in Richtung Mittlerer Osten und schließlich bis nach Europa aus. Die letzten wild lebenden Exemplare kamen im 17. Jahrhundert in Polen vor. Besondere Merkmale waren der gerade Rücken, der dicke Schädel mit flacher Stirn und die langen, leierförmig gebogenen Hörner, die bei Bullen einen Meter und bei Kühen 70 Zentimeter lang werden konnten. An sakralen Stätten gefundene Auerochsenhörner dienten wahrscheinlich kultischen Zwecken. In der Höhle von Lascaux in Frankreich gibt es 42 Auerochsendarstellungen. 1821 wurde in einem Moor in der Nähe von Erfurt das Skelett eines Auerochsen gefunden und unter der Leitung von Johann Wolfgang von Goethe restauriert.

Wildpferd

Equus ferus

Pferde gab es bereits vor 3,5 Millionen Jahren in Nordamerika. Vor etwa zwei Millionen Jahren gelangten sie nach Eurasien und Afrika, wo zu der Zeit ein eher mildes Meeresklima herrschte. Im Laufe der Steinzeit lebten mehrere Unterarten des Pferdes gleichzeitig, und *Homo habilis* begegnete einigen von ihnen.

Von der Gesamtheit aller Tierdarstellungen auf Höhlenwänden entfällt ein Drittel auf Pferde. An den Wänden der Höhle von Lascaux zählt man beispielsweise 364 Pferde. Die Pferdedarstellungen in der Höhle von Pech Merle sind 25 000 Jahre alt und in der Höhle von Pair-non-Pair, beide ebenfalls in Frankreich, kann man ein Pferd bewundern, das seinen Kopf dreht, sowie eine trächtige Stute, die einem Hengst folgt. Das Pferd, das auch als Symbol der Macht gedeutet wird, wurde vor ungefähr 5000 Jahren von Steinzeitmenschen aus der Region zwischen den Flüssen Wolga und Dnjepr im heutigen Russland erstmals gezähmt.

info+

Das moderne wild lebende Przewalski-Pferd ist kein richtiges Wildpferd, sondern stammt von vor 5500 Jahren gezähmten Pferden ab.

Riesenstrauß

Pachystruthio dmanisensis

Dieser Vogel lebte vor 1,8 Millionen Jahren in Europa. Dank seiner kräftigen Beine war der flugunfähige Riesenstrauß der schnellste aller Landvögel. Er brütete an feuchten Orten. Das Weibchen legte die Eier in ein vom Männchen gescharrtes Loch. Vor allem Säbelzahnkatzen und Geparden jagten die großen Vögel. Unter den Ruinen der mittelalterlichen Stadt Dmanissi in Georgien wurden bei Überresten, die wahrscheinlich von *Homo georgicus* stammen, Knochen von 700 urzeitlichen Tieren gefunden, darunter auch von Riesenstraußen.

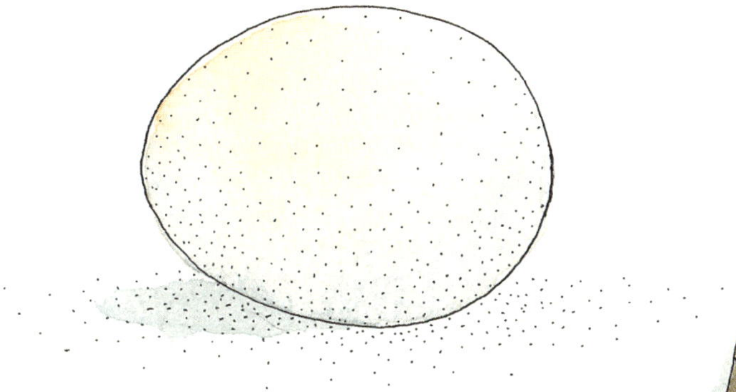

In Südafrika gefundene gravierte Straußeneischerben

Straußenei

Ein Straußenei wiegt ungefähr 1,6 Kilogramm und ist sowohl roh als auch in der Schale gegart für den Menschen genießbar. Bei Ausgrabungen in der Nähe von Diepkloof in Südafrika fand man Scherben von Behältern, die aus Straußeneiern gefertigt sind. Die gravierten Scherben, die aus der Zeit um 60 000 v. Chr. stammen, gehören zu den ältesten bekannten Beispielen grafischer Gestaltung. In Kenia wurden auf 40 000 v. Chr. datierte Perlen aus Straußeneischalen entdeckt.

Rothirsch

Cervus elaphus

Der Rothirsch, ein großer Echter Hirsch mit kräftigem Hals, trat erstmals um 50 000 v. Chr. auf. Seine Art gehört der bereits zwei Millionen Jahre alten Gattung *Cervus* an. Nur das Männchen trägt ein Geweih. Der Rothirsch lebt auch heute noch in den Wäldern Europas und Nordamerikas.
Seine Eckzähne wurden in der Steinzeit als Schmuck verwendet. In Höhlenmalereien ist er nur selten vertreten. An der Wand der spanischen Höhle von Altamira beispielsweise ist ein mit rotem Ocker gemalter und schwarz umrandeter Hirsch zu sehen. In der Höhle von Lascaux in Frankreich symbolisieren bestimmte Tiere die Jahreszeiten: Hirsche wie der Rothirsch den Herbst, die Pferde haben ein Winterfell, und die Auerochsen sind mit ihrem Sommerfell dargestellt.

Riesenhirsch

Megaloceros giganteus

Mit einer Schulterhöhe von zwei Metern und drei Metern Körperlänge war der Riesenhirsch einer der größten Hirsche. Er trat um 400 000 v. Chr. auf und starb später aus. Lange Zeit glaubte man, er sei ebenso wie das Mammut gegen 12 000 v. Chr., also gegen Ende der Eiszeit, verschwunden, doch in Sibirien entdeckte Fossilien belegen, dass er dort noch bis 7700 v. Chr. vorkam.
Der Riesenhirsch wird auch „irischer Elch" genannt (obwohl er mit dem Elch nicht sehr nahe verwandt ist), weil im 18. Jahrhundert in irischen Mooren ein knappes Dutzend Kadaver gefunden wurden.
Das Geweih des Männchens erreichte eine Breite von bis zu drei Metern, sodass es damit nicht in dichtem Wald leben konnte. Die Art war in ganz Europa und Asien verbreitet.
Es sind nur 40 Darstellungen von Riesenhirschen in Höhlenmalereien bekannt. Drei dieser Hirschbilder mit dem typischen Rückenhöcker findet man in der Höhle der Margot in Frankreich. Sie sind auf 28 000 bis 22 000 v. Chr. datiert.
Das Skelett eines Riesenhirschs wird im Paläontologischen Museum in München ausgestellt.

Saiga

Saiga tatarica

Diese Art gibt es seit 100 000 v. Chr., und sie lebt auch heute noch in den Steppen Russlands und Zentralasiens, ist mittlerweile jedoch stark gefährdet. Die Saiga ist die einzige eurasische Antilope. In Amerika starb sie bereits vor 10 000 Jahren aus.
Sie erreicht eine Schulterhöhe von 80 Zentimetern und wiegt zwischen 25 und 50 Kilogramm. Die Nase ist rüsselartig vergrößert, beim Männchen stärker als beim Weibchen. Sie reinigt die Atemluft von Staub und erwärmt sie im Winter. Die Männchen tragen ein leierförmiges Hörnerpaar. Im Winter ziehen diese Antilopen in Herden südwärts in mildere Klimazonen.
In der Urzeit war ihr Hauptfressfeind der Höhlenlöwe (siehe Tafel 30), und auch von Steinzeitmenschen wurde sie gejagt. Vermutlich wurden aus ihrem Fell Kleidungsstücke gefertigt.
An Felswänden bei Qurta in Ägypten wurden im Jahr 2007 Gravuren entdeckt, die neben Vögeln, Fischen, Auerochsen und Menschen auch Saigas darstellen. Sie stammen aus der Zeit um 13 000 v. Chr. und sind damit nur etwas jünger als die Malereien in der Höhle von Lascaux in Frankreich, sodass man überlegen kann, ob es zwischen diesen beiden weit voneinander entfernten Regionen einen kulturellen Austausch gegeben haben könnte.

Guanako

Lama guanicoe

Das Guanako, ein Wiederkäuer aus der Familie der Kamele, ist auch heute noch verbreitet. In der Urzeit lebte es gleichzeitig mit dem schon lange ausgestorbenen *Lama gracilis* und dem Glyptodon (siehe Tafel 38) in den Steppen Südamerikas.
Um 11 000 v. Chr. wurde das Klima dort heiß und trocken, und die Pflanzenfresser Patagoniens zogen in das grasreiche Hochland, wo das Guanako zur bevorzugten Jagdbeute der dort lebenden Menschen wurde.
Überreste von Guanakos wurden in den Höhlen von Los Toldos im argentinischen Patagonien und in der Fell's Höhle im chilenischen Patagonien gefunden. Man nimmt an, dass die Menschen sie ab 7000 v. Chr. mit Hunden jagten.

Flusspferd

Hippopotamus amphibius

Das heutige Flusspferd existierte bereits vor 16 Millionen Jahren. Nach dem Elefanten ist es das zweitgrößte Landsäugetier unserer Zeit und verbringt einen Großteil seines Tages im Wasser. Sein tonnenförmiger Körper erreicht eine Schulterhöhe von 1,5 Metern und eine Länge von 3,5 bis fünf Metern und wird damit so groß wie ein Auto! Es kann sein Maul sehr weit aufsperren. Die großen Eckzähne sind als Elfenbein begehrt. Flusspferde leben meist in Herden. Sie verbringen den Tag im Wasser und kommen in der Dunkelheit an Land, um zu grasen.

An verschiedenen Stellen in Libyen fand man Flusspferd-Gravuren aus der Zeit um 6000 v. Chr. Sie beweisen, dass die Sahara damals eine grüne Landschaft war, in der ein feuchtwarmes Klima herrschte. Flusspferde lebten auch in Ägypten und traten um 2800 v. Chr. in Spanien auf. Heute sind sie nur noch in einigen afrikanischen Ländern heimisch.

Wildschwein

Sus scrofa

Das Wildschwein ist ein großes, in vielen Ländern der Welt heimisches Säugetier aus der Ordnung der Paarhufer, das erstmals um 700 000 v. Chr. auftrat. Es ist ein geselliger Allesfresser, der auch Aas nicht verschmäht. Mit der Schnauze wühlt es im Waldboden und auf Wiesen nach Wurzeln, Insekten und anderen kleinen Tieren. Seine vier Eckzähne wachsen ein Leben lang.

Wildschweindarstellungen sind in der Steinzeitkunst eher selten, man fand jedoch in der Höhle von Altamira in Spanien zwei mit rotem Ocker gemalte und schwarz umrandete Wildschweine, umgeben von 21 Steppenbisons, einem Pferd und einer Hirschkuh.

Das Wildschwein wurde um 6500 v. Chr. in Europa domestiziert, also als Haustier gehalten. An einer archäologischen Fundstätte bei Concise in der Schweiz entdeckte man Überreste von gegrilltem Wildschweinfleisch aus der Zeit um 4000 v. Chr.

Rentier

Rangifer tarandus

Homo habilis, Homo ergaster, Homo erectus, Neandertaler und *Homo sapiens:* Sie alle kannten Rentiere. Diese Art überlebte mehrere Klimaveränderungen. In Sibirien und Alaska wurden 1,6 Millionen Jahre alte Rentierfossilien gefunden. In Frankreich traten Rentiere erstmals um 600 000 v. Chr. auf, verbreiteten sich um 120 000 v. Chr. in Europa und gelangten um 50 000 v. Chr. nach Amerika.
In kältere Zonen drangen sie um 8000 v. Chr. vor.
Das Rentier gehört zur Familie der Hirsche. Beide Geschlechter tragen ein Geweih, das bei den Männchen allerdings größer ist. Die Männchen stoßen es im Herbst und die Weibchen im Frühjahr ab. Rentiere erreichen eine Schulterhöhe von 1,30 Metern und ein Gewicht von mehr als 100 Kilogramm und ernähren sich von Gras, Flechten und Moosen. Mit den großen gespaltenen Hufen kommen sie im Schnee gut voran, sie können aber auch schwimmen.

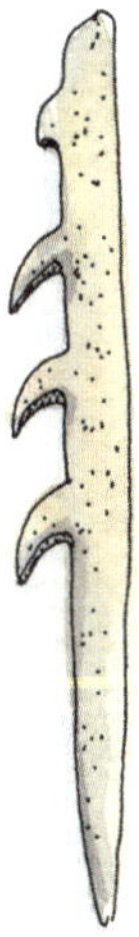

Harpune

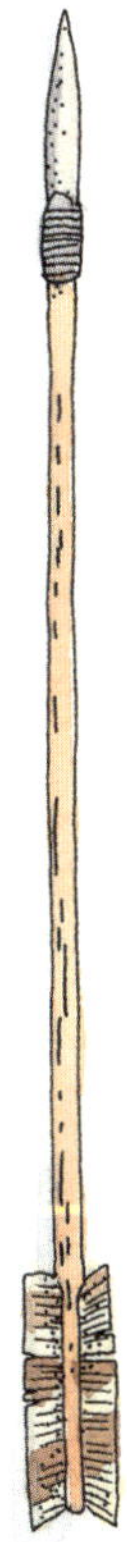

Speer

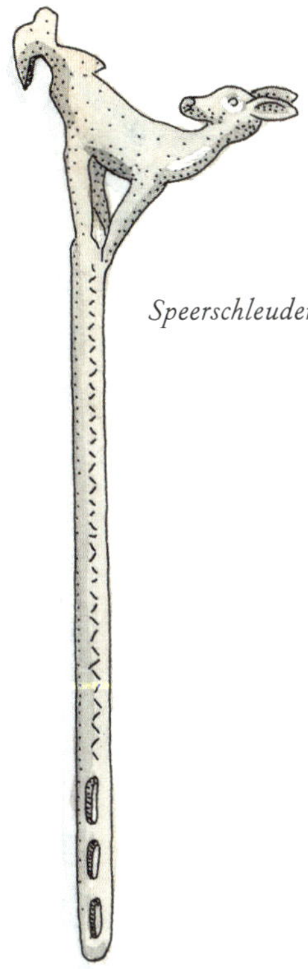

Speerschleuder

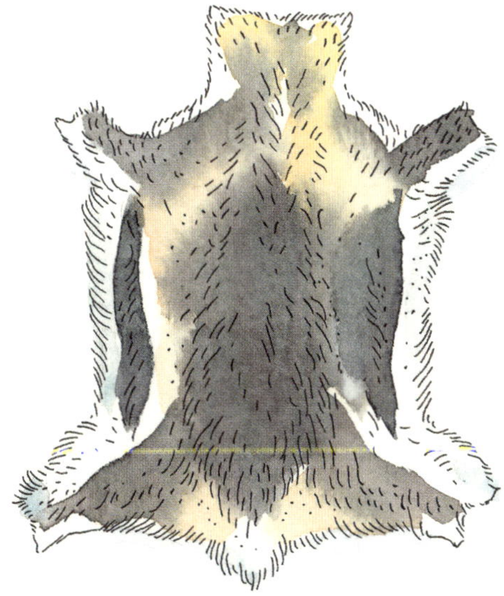

Rentierfell

Rentiere wurden von den Steinzeitmenschen in starkem Maße bejagt, besonders in der Magdalénien genannten Epoche (zwischen 17 000 und 12 000 v. Chr.), die deshalb auch „Rentierzeit" genannt wird. Die Menschen aßen ihr Fleisch und Knochenmark und nutzten das Fett als Brennmaterial für Lampen. Aus Geweihstangen und Knochen wurden Waffen und andere Alltagsgegenstände gefertigt, aus Fell, Leder und Sehnen Kleidungsstücke und Zeltbahnen. Auf Schmuck und Gebrauchsgegenständen finden sich zahlreiche Rentierdarstellungen, doch auf Felswänden sind nur wenige der abgebildeten Tiere Rentiere, obwohl sie für den Steinzeitmenschen zur wichtigsten Jagdbeute zählten. Um 1000 v. Chr. wurde das Rentier domestiziert.

Rentierknochen, der beispielsweise als Schaber oder Glätter verwendet wurde

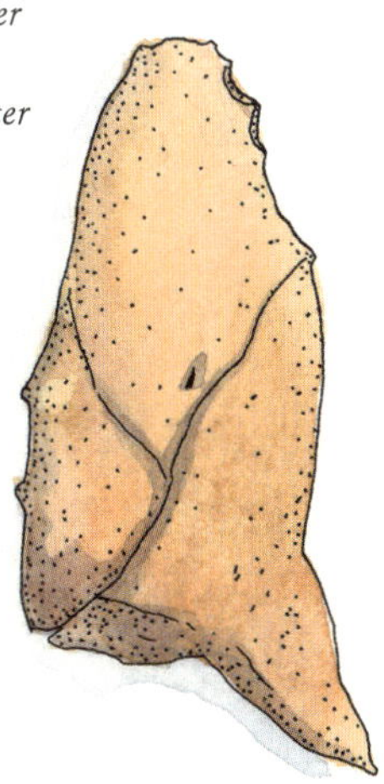

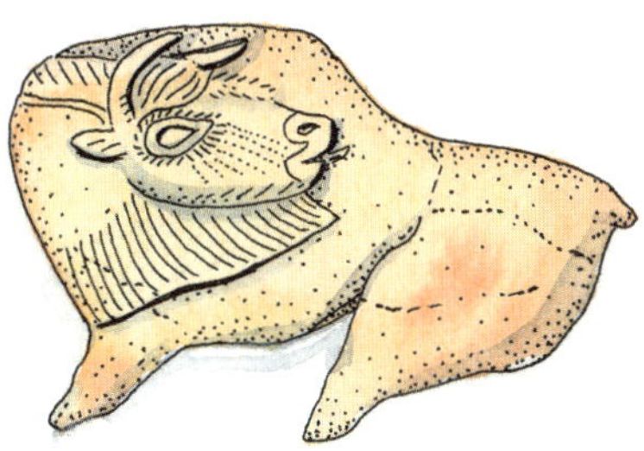

„Sich leckender Bison", geschnitzter Rentierknochen, Fundstelle La Madeleine, Dordogne, Frankreich (13 000 v. Chr.)

Rentier mit gepunkteter Flanke, Gravur in der Grotte de la Forêt, Dordogne, Frankreich

Neandertaler

Homo neanderthalensis

Der Neandertaler wurde 1865 nach dem östlich von Düsseldorf gelegenen Neandertal benannt. Dort wurden Überreste des von 450 000 bis etwa 35 000 v. Chr. nachgewiesenen *Homo neanderthalensis* gefunden. Der Neandertaler stammt von *Homo heidelbergensis* ab und erreichte eine Körpergröße von 1,55 Metern (Frauen) bis 1,65 Metern (Männer), doch seine Muskelmasse wog bis zu 30 Kilogramm mehr als bei unserer Art *Homo sapiens*. Deshalb nimmt man an, dass er Wurfwaffen sehr weit schleudern konnte.
Nach heutigem Forschungsstand ähnelten die geistigen Fähigkeiten des Neandertalers denen des *Homo sapiens*. Er beherrschte das Feuer, bestattete seine Toten, stellte Schmuck her, machte vielleicht Musik (mit Flöten), setzte vermutlich Heilpflanzen gegen Krankheiten ein und bemalte möglicherweise auch schon Höhlenwände.

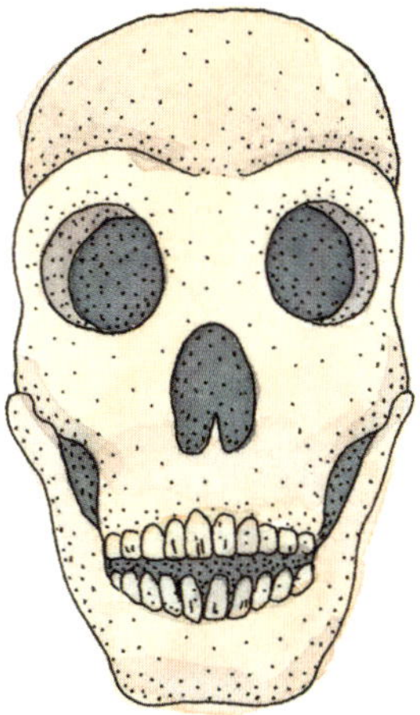

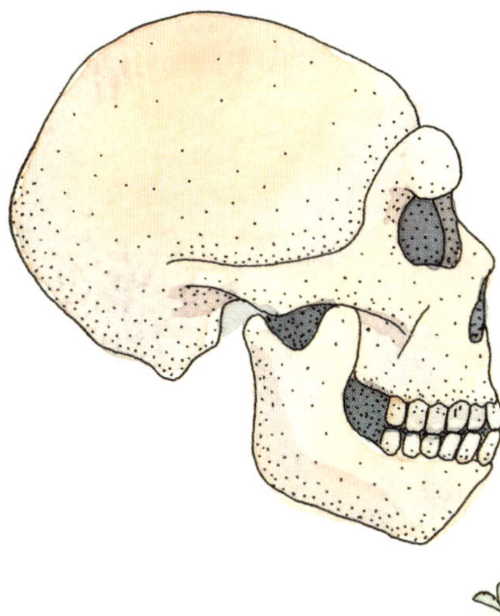

Kamille, Wiesen-Schafgarbe und die Pilzart Pinselschimmel wurden vom Neandertaler wahrscheinlich als Heilmittel eingesetzt.

info+

Seit der Rechtschreibreform von 1901 schreibt man das Neandertal ohne h. Beim wissenschaftlichen Namen wurde das h in „*neanderthalensis*“ jedoch beibehalten.

Der Neandertaler stellte auch Werkzeug her und fertigte ebenso wie *Homo sapiens* Objekte, die der Mittelsteinzeit-Epoche des Moustérien zugerechnet werden. Aus Stein stellten Neandertaler Klingen, Speerspitzen und Hacken sowie Schaber her und möglicherweise aus Knochen Nähnadeln, mit denen sie sich Kleidungsstücke nähten. Um 45 000 v. Chr. entstand die Kultur des Châtelperronien, für die Steinwaffen typisch sind, die mit Leim, Harz oder Teer an einem Griff befestigt wurden. Allerdings ist umstritten, ob der Neandertaler diese Waffen erfunden hat. Um 45 000 v. Chr. lebte der Neandertaler in Westeuropa und im Nahen Osten 10 000 Jahre lang gleichzeitig mit *Homo sapiens,* wurde aber mit der Zeit von diesem verdrängt, oder aber er vermischte sich mit ihm. Eine 2010 durchgeführte Forschung erbrachte, dass die modernen Menschen Eurasiens 1,4 Prozent Neandertaler-Gene besitzen.

Andere Hominini

Mensch von Tautavel:
Eine 1971 beim Ort Tautavel in Frankreich entdeckte Art, die um 450 000 v. Chr. lebte und der Vertreter von *Homo heidelbergensis* in Frankreich ist.

Denisova-Mensch:
Eine eng mit dem Neandertaler verwandte Art, die im Altai-Gebirge in Asien entdeckt und 2010 anhand der Analyse der DNA eines Fingerknochens bestimmt wurde. Eine ursprünglich aus Afrika kommende Gruppe teilte sich. Von der nach Asien weitergewanderten Teilgruppe stammt der Denisova-Mensch ab, aus der Teilgruppe, die Europa erreichte, entwickelte sich der Neandertaler.

Höhlenbär

Ursus spelaeus

Die ältesten Fossilien dieser Art stammen aus der Zeit um 250 000 v. Chr. Für ihr Aussterben gegen 25 000 v. Chr. ist eine sehr kalte Phase verantwortlich, in der viele der Pflanzen verschwanden, von denen sich dieser überwiegend vegetarisch lebende Bär ernährte, aber auch die Bejagung durch den Menschen spielte eine Rolle. Die Männchen waren mit einer Schulterhöhe von bis zu 1,60 Metern sehr groß und wogen mehr als 500 Kilogramm. Auf die Hinterbeine aufgerichtet maßen sie 3,50 Meter. Die Weibchen waren kleiner. Längs über dem Schädel verlief ein Scheitelkamm, und die Schnauze war kürzer als die des heutigen Braunbären. Der Höhlenbär lebte einzelgängerisch in bewaldeten Bergregionen Eurasiens.

Der Höhlenbär überwinterte in Höhlen, wobei jüngere und schwächere Exemplare oft den Winterschlaf nicht überlebten. Das würde erklären, warum man in Höhlen so viele Bärenknochen und Kratzspuren fand. Die Menschen des Mittelalters hielten in Höhlen gefundene große Bärenknochen für die Überreste von Drachen. Mehrfach wurden beschnitzte Höhlenbärenzähne gefunden. Alles in allem aber gibt es in der steinzeitlichen Kunst nur wenige Bärendarstellungen, auch wenn in der Höhle von Chauvet in Frankreich 15 Bärenbildnisse zu finden sind.

Im Deutschen Höhlenmuseum in Iserlohn-Letmathe ist das nahezu komplette Skelett eines Jungtiers ausgestellt und in der Drachenhöhle bei Mixnitz in der Steiermark in Österreich kann man die Knochen von etwa 3000 Höhlenbären bestaunen, die mehr als 30 000 Jahre alt sind.

Wollnashorn

Coelodonta antiquitatis

Das mit zwei Metern Schulterhöhe und bis zu vier Metern Körperlänge beeindruckende Wollnashorn lebte bereits um 400 000 v. Chr. in den Kaltsteppen Eurasiens. Sozusagen ihre Blütezeit erlebte diese Art um 30 000 v. Chr., vor 12 000 Jahren starben in Sibirien die letzten Exemplare aus.

Den Namen verdankt das Wollnashorn seinem dichten Fell und den beiden Hörnern auf seiner Schnauze. Das vordere und längere erreichte knapp einen Meter und war leicht abgeflacht. Vermutlich schaufelte das Tier damit Schnee beiseite, um an die Pflanzen darunter zu kommen.

Neandertaler und *Homo sapiens* haben das Wollnashorn sicherlich beobachten können und das Fleisch toter Tiere verzehrt, doch es ist unwahrscheinlich, dass sie wagten, es zu jagen.

Bisher wurden Hunderte von Wollnashornskeletten gefunden. Durch im Permafrostboden mumifizierte Kadaver und Höhlenmalereien wissen wir, dass sein Fell braun war, mit einem schwarzen Längsstreifen entlang des Rückens. An Zähnen von Neandertalern fand man Reste von Wollnashornfleisch, während an Zähnen von Wollnashörnern nur Pflanzenreste waren, da dieses Tier rein vegetarisch lebte.

info+

Die ältesten Überreste von Wollnashörnern wurden in Tibet entdeckt.

Donnervogel

Genyornis newtoni

Der Donnervogel war ein zwei Meter hoher und über 200 Kilogramm schwerer flugunfähiger Vogel in Australien. An Fossilien des mächtigen Schnabels ist eindeutig zu erkennen, dass er neben Blättern auch Fleisch und Aas fraß.

Man nahm zunächst an, dass er um 45 000 v. Chr. ausstarb. Die australischen Ureinwohner brieten seine Eier, wie man durch Funde verbrannter Eierschalen an 200 urzeitlichen Stätten weiß. Vielleicht sind sie auch für sein Aussterben verantwortlich.

Allerdings bewies die Entdeckung einer Darstellung dieses Vogels an einer Felswand bei Jawoyn, dass es ihn um 28 000 v. Chr. noch gegeben hat und dass er wesentlich später verschwand, als angenommen.

Natürlich ist es möglich, dass der Donnervogel in dieser Region länger überlebte als im Rest des Landes.

Andererseits kann es auch sein, dass die Felsmalerei eine andere Art darstellt. Dieses Rätsel ist noch nicht gelöst.

info+

Gemeinsam mit Tasmanien und Neuguinea bildete Australien eine Sahul genannte Landmasse, auf der sich ungestört eigene Arten von Beuteltieren entwickelten. Durch die Ankunft der ersten Menschen, die um 60 000 v. Chr. über das Meer kamen, wurde das ökologische Gleichgewicht gestört.

Sulawesi-Hirscheber

Babyrousa celebensis

Der Sulawesi-Hirscheber lebt heute ausschließlich auf der indonesischen Insel Sulawesi und auf einigen Nachbarinseln. 2008 wurde der Bestand auf 4000 Exemplare geschätzt.
Er gehört ebenso wie das Wildschwein zur Familie der Echten Schweine. Beim Männchen wachsen die oberen Eckzähne, die Hauer, durch die Haut des Rüssels und ähneln Stoßzähnen. In einer der Höhlen im Maros-Pangkep-Karst auf Sulawesi fand man das auf 33 000 v. Chr. datierte Bild eines Hirscheberweibchens, das mit einer Mischung aus Eisenoxid und Wasser auf die Felswand gemalt worden war. Es entstand also um dieselbe Zeit wie die Höhlenmalereien von Chauvet in Frankreich. Solche Malereien beweisen, dass die Menschen damals schon an verschiedenen Orten auf der Welt begonnen hatten, abstrakt zu denken.

Homo sapiens

Der allererste bekannte *Homo sapiens* wäre heute … 315 000 Jahre alt! Das wissen wir dank der Untersuchung von 22 Fossilien, Feuersteinen und Werkzeugen, die im Juni 2017 von dem Team um Jean-Jacques Hublin und Abdelouahed Ben-Ncer am Djebel Irhoud in Marokko gefunden wurden.
Bis dahin hatte man angenommen, *Homo sapiens* sei „nur“ 200 000 Jahre alt. *Homo sapiens* bedeutet übersetzt: „wissender Mensch“, wird aber oft auch im Sinne von „moderner Mensch“ verwendet. Er stammt von *Homo erectus* ab und verbreitete sich nach und nach über alle Kontinente. *Homo sapiens* ist die einzige *Homo*-Art, die bis heute überlebte. Es ist unsere Art!

Seit über 300 000 Jahren entwickelt sich *Homo sapiens* weiter und erfindet laufend neue Technologien. Er versteht es, Feuer zu machen, kann sprechen, Werkzeuge herstellen, bauen, spielen, ist künstlerisch tätig, philosophiert und erzieht nachfolgende Generationen …
Von allen Lebewesen nimmt er den stärksten Einfluss auf seine Umwelt, zunächst durch die Landwirtschaft und später zunehmend durch die Industrie. Diese Veränderungen der Umwelt fallen auch auf ihn zurück, wie etwa Umweltverschmutzung und Klimawandel.

Wollhaarmammut

Mammuthus primigenius

Das Wollhaarmammut ist ein Mitglied der Familie der Elefanten, das um 800 000 bis 600 000 v. Chr. erstmals in Sibirien auftrat. Als sich das Klima erwärmte und die Steppe für diese Art zu feucht und sumpfig wurde, starb es aus. Die letzten Exemplare lebten noch bis vor 3700 Jahren auf der Wrangelinsel vor Russland. 2009 fand man in Florida einen aus der Zeit um 12 000 v. Chr. stammenden Knochen, auf den ein Mammut eingeritzt war. Das beweist, dass diese Tiere damals im heutigen Florida lebten. Allerdings handelt es sich hierbei um eine andere Mammut-Art.

Aus den **Knochen** der Mammuts wurden Hütten gebaut.

Wollhaarmammuts waren große pflanzenfressende Säugetiere, die eine Schulterhöhe von drei Metern und ein Gewicht von vier Tonnen erreichen konnten. Die spiralig nach außen gebogenen Stoßzähne wurden bis zu vier Meter lang. Mit der dicken Haut und dem aus langen und kurzen Haaren bestehenden Fell (die langen Haare wurden knapp einen Meter lang) war diese die am besten an Kälte angepasste Mammutart. Die Menschen des Gravettiens (von 32 000 bis 25 000 v. Chr.) versammelten sich zu größeren Jagdtrupps, um sie zu erlegen. Anders, als man lange Zeit glaubte, legten sie keine Fallgruben an, um die Mammuts zu töten.

Die Entdeckung eines in Elfenbein gravierten Mammuts an der Fundstelle La Madeleine in Südwestfrankreich 1864 war der erste archäologische Beweis dafür, dass Mammuts und Menschen zur selben Zeit lebten. Auch als Wand- und Höhlenmalereien finden sich zahlreiche Mammuts, beispielsweise in der Höhle von Cussac in Frankreich.
In Deutschland wurden insgesamt sechs vollständige Skelette ausgegraben, die unter anderem im Geologisch-Paläontologischen Museum in Münster, im Landesmuseum für Vorgeschichte in Halle und im Südostbayerischen Naturkunde- und Mammut-Museum Siegsdorf ausgestellt sind. Zwei Mumien von Wollhaarmammut-Babys kamen 2007 und 2008 im auftauenden Permafrostboden Sibiriens zum Vorschein.

info+

Die heutigen Elefanten stammen nicht vom Wollhaarmammut ab, haben mit diesem aber gemeinsame Vorfahren.

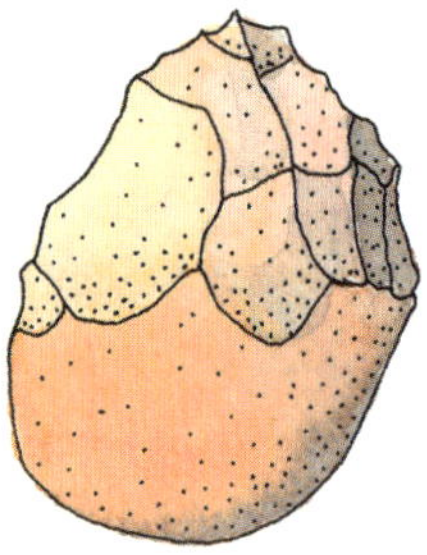

Chopper

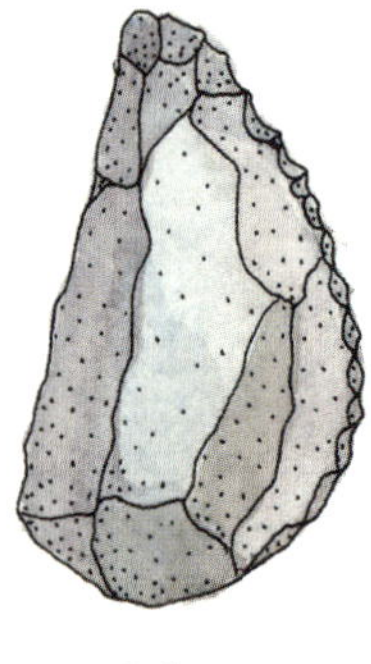

Schaber

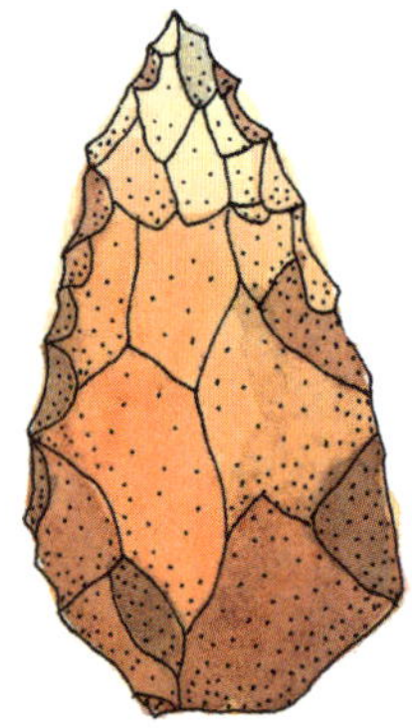

Faustkeil

Werkzeuge, Gebrauchsgegenstände und Waffen der Altsteinzeit

Lange Zeit glaubte man, die ersten Werkzeuge seien von *Homo habilis* angefertigt worden. Doch aufgrund der Entdeckung von Kratzspuren auf 3,3 Millionen Jahren alten Tierknochen in Kenia 2010 wird vermutet, dass bereits Australopithecus in der Lage war, Werkzeug herzustellen, mit dem er das Fleisch von den Knochen seiner Beutetiere schaben konnte. *Homo habilis* entwickelte als Erster Steingeräte, mit denen er Wild zerlegen konnte, und später andere Gebrauchsgegenstände und Waffen. Mit der Zeit machte er bei der Bearbeitung von Knochen und Stein große Fortschritte.

Nähnadel

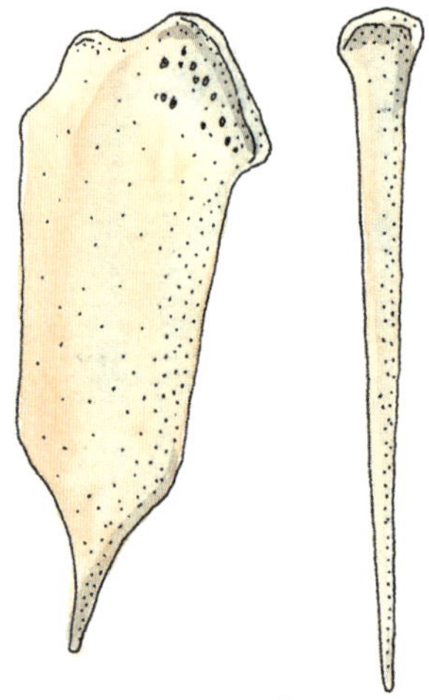

Knochenpfrieme

gezwirntes Seil

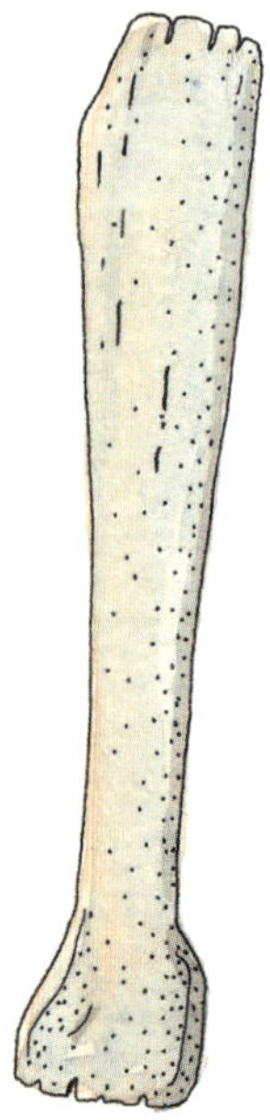

Schaufel aus einem Mammut-Schulterblatt

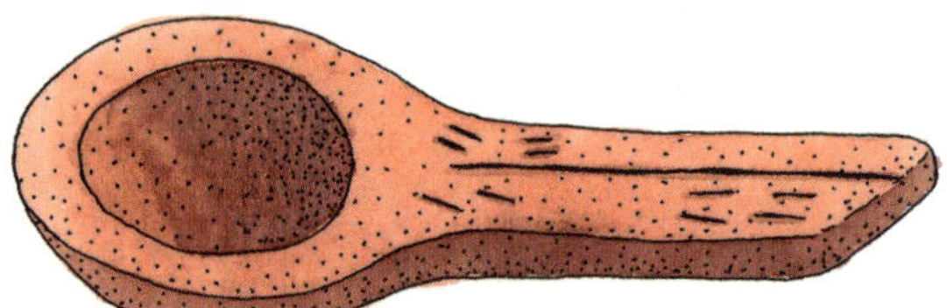

Lampe

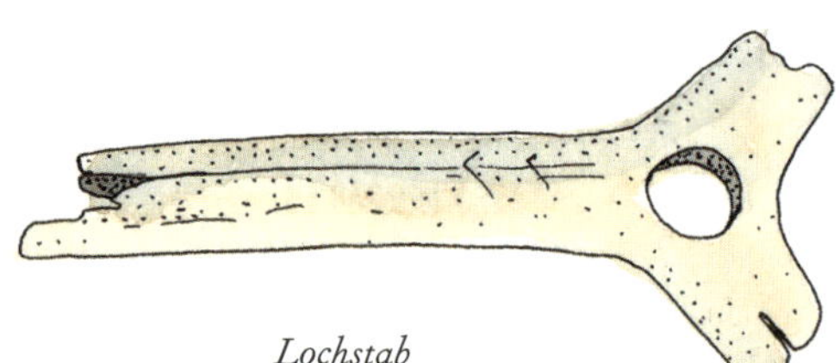

Lochstab

Komplexere Waffen

Speerschleuder mit Speer

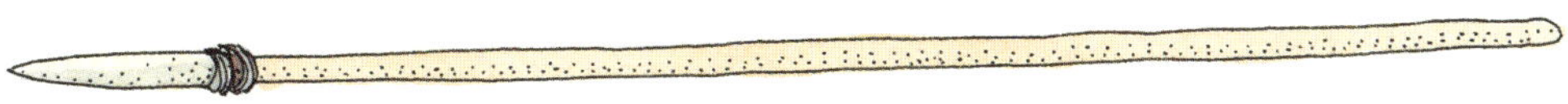

Speer

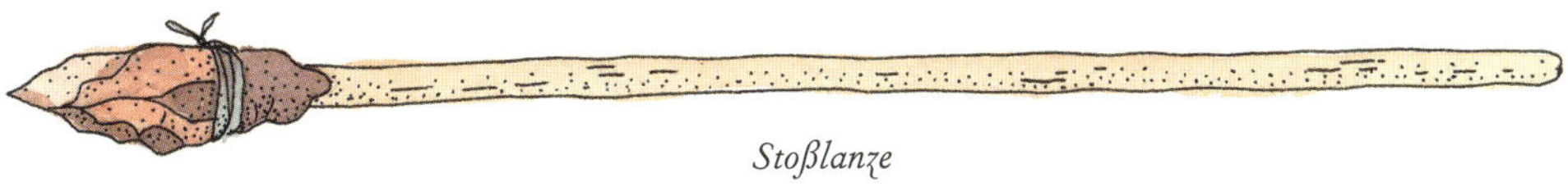

Stoßlanze

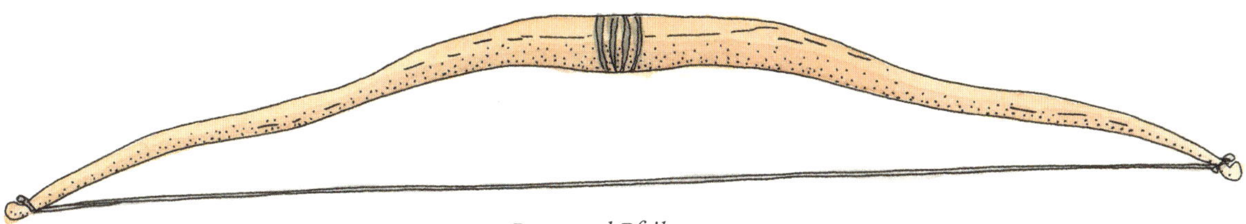

Bogen und Pfeil

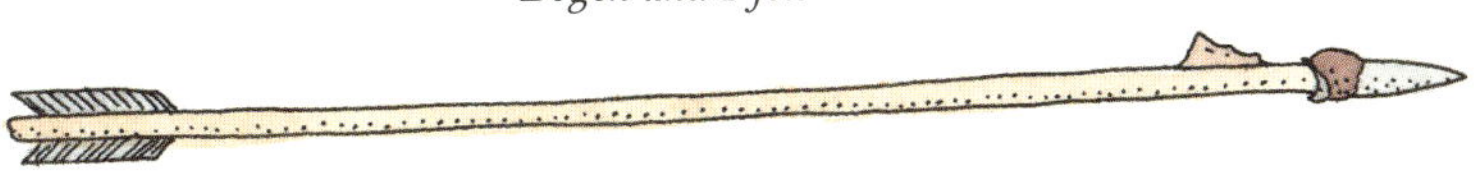

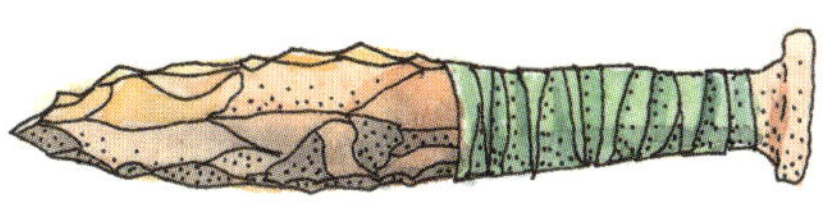

Dolch

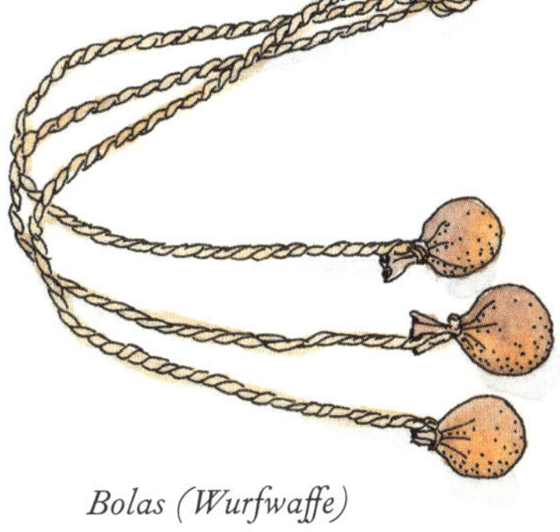

Bolas (Wurfwaffe)

Schleuder

Die Vogeljagd als wichtige Nahrungsquelle

Bei frühen Entdeckungen archäologischer Stätten interessierte man sich mehr für die Fossilien großer Tiere als für die Überreste von Vögeln. Mittlerweile ist belegt, dass bereits der Neandertaler Vögel wegen ihres Fleisches und ihrer Federn jagte und ihre Eier sammelte.

Schnee-Eule
Diese standorttreue Eule zählte zu den am stärksten bejagten Arten. Weil erhaltenen gebliebenen Überresten von Schnee-Eulen Federn fehlen, nimmt man an, dass diese als Schmuckelemente begehrt waren. Am Fundplatz Morin in der Dordogne in Frankreich fand man viele Schnee-Eulen-Klauen. Möglicherweise dienten sie als Tauschmittel.

Beutevögel

Alpenschneehuhn
Ein ebenfalls stark bejagter Vogel. Er kommt auf der gesamten Nordhalbkugel in kalten Regionen und hohen Gebirgslagen vor. In der La-Vache-Höhle in Frankreich fand man Überreste von Alpenschneehühnern, die über dem Feuer geröstet worden waren und deren Knochen Schnittspuren aufwiesen.

Höckerschwan
Er wurde wegen seines Fleisches, seiner Knochen und seiner Federn gejagt.

info+

Wenn an einer Fundstätte von Vögeln nur Füße und Flügelspitzen entdeckt werden, weist das darauf hin, dass sie nicht von Menschen getötet, sondern von Greifvögeln geschlagen wurden.

Amsel
Obwohl Singvögel wenig Fleisch bieten, scheinen sie ebenfalls gejagt worden zu sein. So fand man zum Beispiel in der Grotte du Lazaret bei Nizza in Frankreich Singvogelknochen.

In der Kunst der Steinzeit spielen Vögel eine wichtige Rolle. An der Fundstelle Cantalouette II in Frankreich wurde 2016 eine sehr naturalistische Gravierung eines kleinen Vogels entdeckt. Könnte es eine Lerche sein?

info+

Geräte für die Vogeljagd

Mit einer **Schlinge** (Abb. 1) wurden am Boden lebende Vögel gefangen. Mit Netzen, Schleudern oder dem **Wurfholz** (Abb. 2), einem Vorläufer des Bumerangs, jagten die frühen Menschen andere Vogelarten. Auch das Vogelfangen mit Leim war bereits bekannt. Dabei werden einzelne Äste mit Leim bestrichen, damit Vögel daran kleben bleiben.

Abb. 2

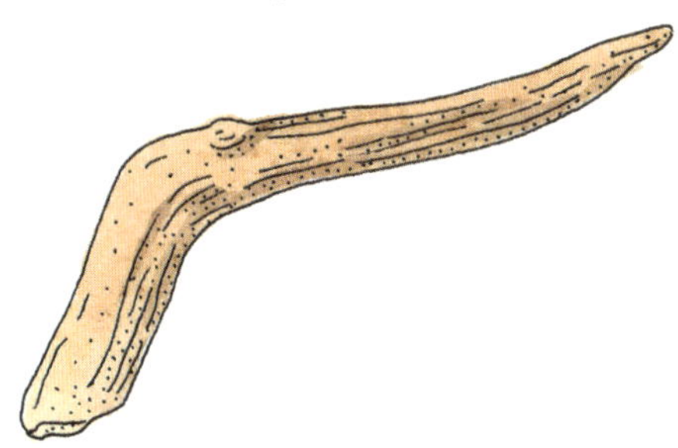

Abb. 1

info+

Vogelknochen sind sehr leicht und haben Hohlräume. Daher eigneten sie sich als Material für Röhren, Pfeifen, Nadeln, Flöten und Perlen, die zu Ketten gefädelt oder auf Kleidung aufgestickt wurden.

Die Beherrschung des Feuers

Der Mensch ist als einziges Lebewesen dazu fähig, Feuer zu bewahren. Bereits vor knapp 800 000 Jahren war er dazu vielleicht schon in der Lage, wie wir seit der Entdeckung einer Feuerstelle an der Stätte Cueva Negra in Spanien wissen. Dort fanden sich Reste von Kohle, Asche und verbrannten Knochen. Dem Neandertaler gelang in Europa vor 170 000 Jahren die systematische Bewahrung des Feuers, das er auch dazu nutzte, um Werkzeuge herzustellen.

Bevor der Mensch herausfand, wie er Feuer selbst erzeugen konnte, sammelte er vermutlich brennendes Holz, das durch einen Blitzschlag Feuer gefangen hatte, oder aber glühende Lava, und erhielt die Flammen in einer Feuerstelle aufrecht.

info+

Die ältesten Feuerstellen in Europa wurden in Beechos Pit in England, in Terra Amata in Frankreich und Vértesszőlős in Ungarn entdeckt und sind etwa 400 000 Jahre alt.

Feuer gezielt einsetzen zu können veränderte das Leben der Menschengruppen: Mit Feuer konnten sie Insekten, aber auch Raubtiere wie Löwen und Hyänen vertreiben, sich wärmen und ihre Umgebung beleuchten. Die Erfindung von Fackeln ermöglichte es dem Menschen, in dunkle Höhlen vorzudringen. Außerdem spielte das gemeinsame Sitzen am Feuer vermutlich eine Rolle bei der Entwicklung der Sprache und von Ritualen.

Das Anbraten und Garen machte pflanzliche Nährstoffe leichter verdaulich. Durch Räuchern wurden Fleisch und Fisch länger haltbar. Zugespitzte Holzstangen wurden durch das Härten im Feuer zu effektiveren Waffen und ins Feuer gelegte Gesteinsbrocken ließen sich leichter spalten. Holz wurde im Feuer zu Holzkohle, mit der man auf Höhlenwände Linien, Muster und Figuren zeichnen konnte.

info+

Stammen die 2012 entdeckten verkohlten Knochen und Feuerspuren in der Wonderwerk-Höhle in Südafrika von einem auf natürliche Weise entstandenen Feuer, oder belegen sie, dass Menschen schon früher als angenommen, bereits vor einer Million Jahren, den Umgang mit Feuer beherrschten?

Wie macht man Feuer?

Vor 32 000 Jahren verstand der damals schon auf allen Erdteilen verbreitete *Homo sapiens* es, Feuer durch Reiben oder Feuerschlagen zu erzeugen. Das Feuer wurde in einer mit Steinen eingerahmten Feuerstelle bewahrt oder aber in einem in den Boden gegrabenen Loch. Die brennenden oder glühenden Holzscheite wurden sorgfältig bewacht, damit sie nicht ausgingen.

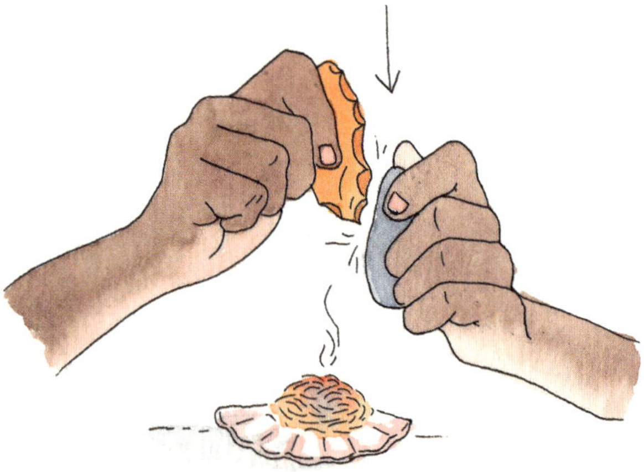

Feuerschlagen
Um trockenes Pflanzenmaterial wie Zweige oder Zunder zum Brennen zu bringen, schlägt man mit einem Feuerstein gegen einen Klumpen der Minerale Markasit oder Pyrit, das Eisensulfit enthält. Dadurch entstehen Funken, die zwei Sekunden lang aktiv bleiben und bereitgelegtes getrocknetes Pflanzenmaterial entzünden. Auf diese Weise bildet sich Glut, die mit trockenem Gras aufrecht erhalten wird.

Reiben
Man reibt einen weichen Holzstab so lange schnell auf einem Holzbrett mit einer Vertiefung, bis Holzmehl davon abfällt und zu glimmen beginnt. Leider sind kaum Geräte für diese Methode der Feuererzeugung erhalten, da Holz nur selten lange Zeiträume überdauert.

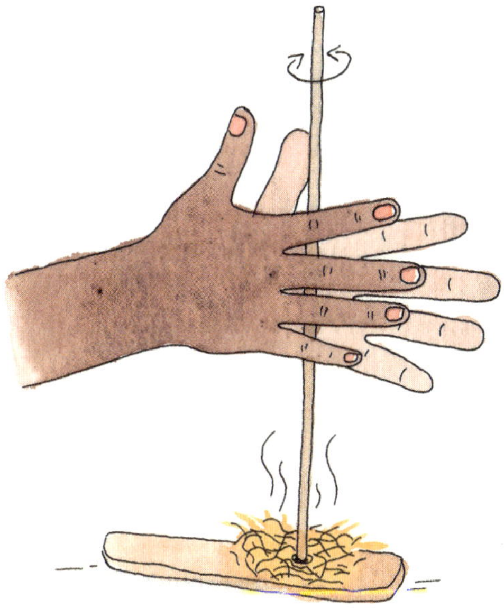

Fischfang als weltweite Nahrungsquelle

Sowohl Neandertaler als auch *Homo sapiens* verstanden es, den Fischreichtum der Flüsse und Meere zu nutzen.

Abb. 1

Abb. 2

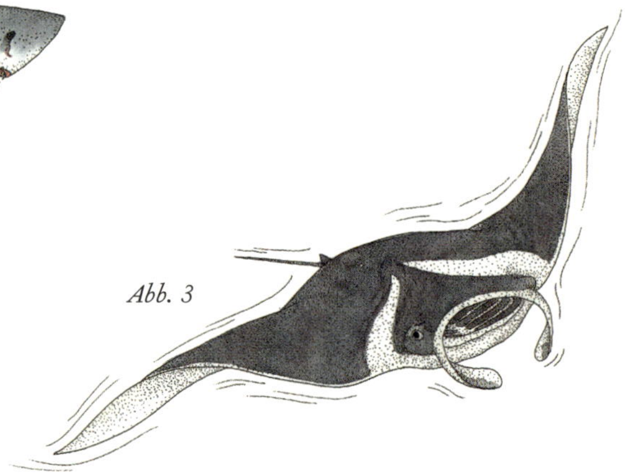

Abb. 3

Abb. 4

Überreste von Meeresfischen wie **Thunfisch** (Abb. 1), **Hai** (Abb. 2) oder **Rochen** (Abb. 3) wurden an der Stätte Terra Amata in Frankreich in fossilem menschlichem Kot, sogenannten Koprolithen, gefunden.

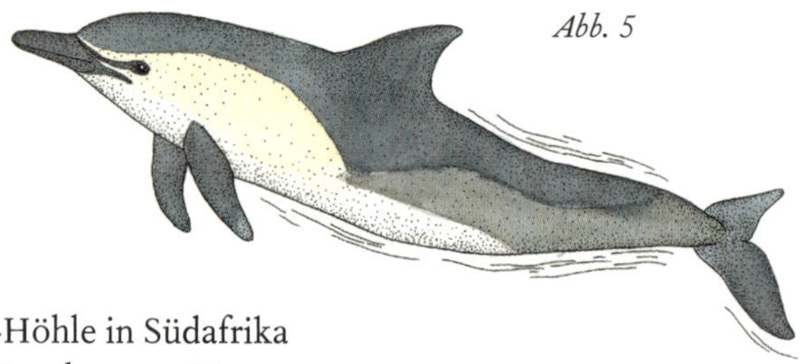

Abb. 5

In der Blombos-Höhle in Südafrika entdeckte man Knochen von Meeressäugern wie **Seelöwe** (Abb. 4) und **Delfin** (Abb. 5), die aus der Zeit um 70 000 v. Chr. stammen.

Im Mittleren Osten fischten die Menschen nach Muscheln. Eine schöne Perle der **Perlenauster** (Abb. 6) aus der Zeit um 5500 v. Chr. wurde in einer Grabstätte in der Region der heutigen Vereinigten Emirate gefunden.

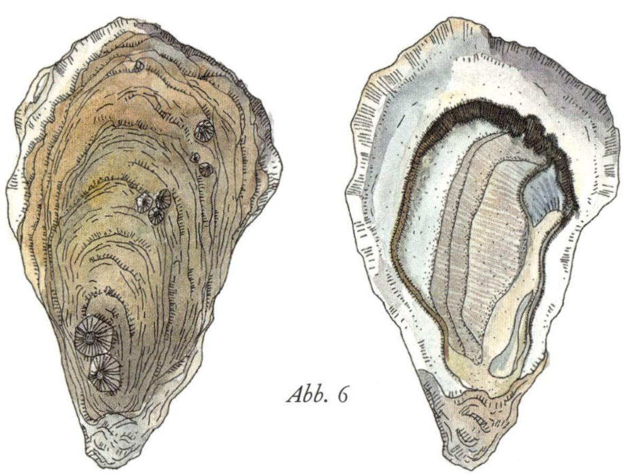

Abb. 6

In der Cosquer-Grotte in Südfrankreich entdeckte man die Darstellung einer harpunierten **Mönchsrobbe** (Abb. 7). Von der späteiszeitlichen Fundstelle Gönnersdorf am Rhein sind 13 Gravierungen von Robben auf Schieferplatten überliefert, die etwa um 13 500 v. Chr. entstanden sind.

Abb. 7

Boote

Abb. 1 und 2

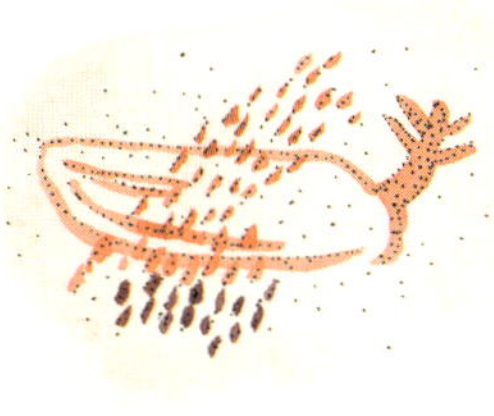

Die älteste bekannte Darstellung eines Bootes ist vielleicht über 30 000 Jahre alt und befindet sich in Pedra Furada, Brasilien. Weitere Bootsdarstellungen entdeckte man in der Region Kimberley in Australien (Abb. 1 und 2). Sie stammen aus der Zeit um 18 000 v. Chr. Man nimmt heute an, dass *Homo sapiens* sehr früh lernte, über das Wasser zu fahren, um neue Gebiete zu besiedeln: bereits um 50 000 v. Chr. Allerdings sind von diesen Booten keine Überreste erhalten.

Werkzeug und Waffen

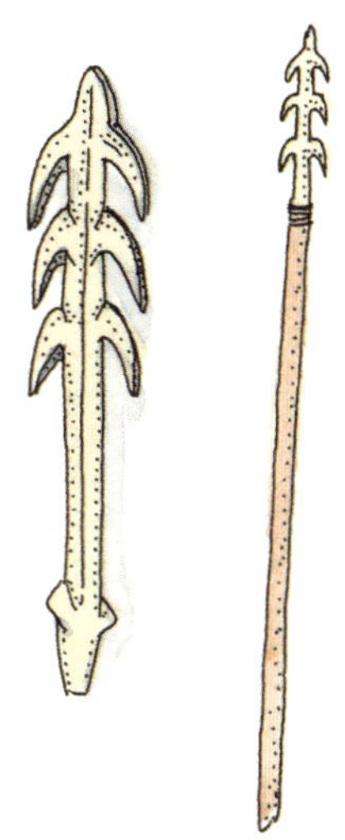

Eine **Harpune** (mit abnehmbarer Spitze)

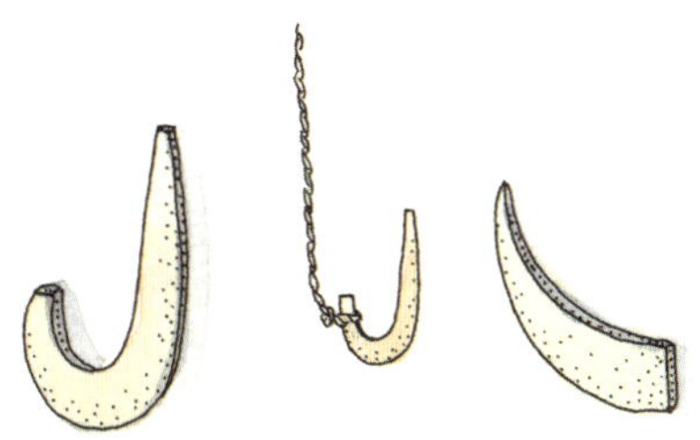

Angelhaken
2011 entdeckte man in der Kalksteinhöhle Jerimalai in Osttimor Angelhaken aus der Zeit um 23 000 v. Chr. Sie sind der bisher älteste bekannte Beleg für Fischfang in Süßwasser.

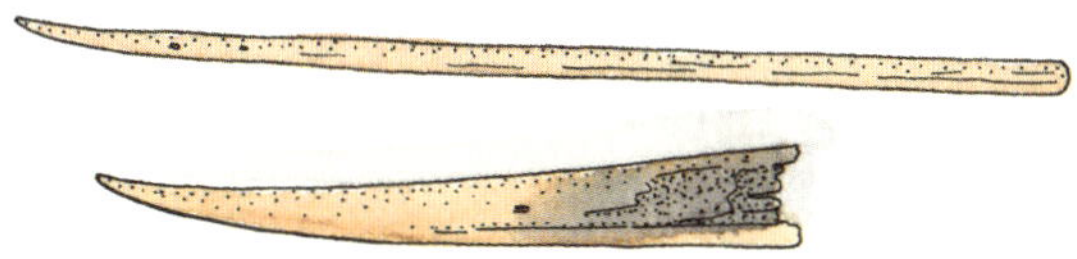

Speer

Lanze

Riesenalk

Pinguinus impennis

Der Riesenalk war ein flugunfähiger Vogel, der ausgezeichnet schwimmen konnte und an den Küsten des nördlichen Atlantischen Ozeans lebte, also unter anderem an den Küsten von Kanada, USA, Norwegen, Großbritannien, Island, Frankreich und Spanien.

Im 19. Jahrhundert wurde er durch Bejagung ausgerottet. Er war ein großer Meeresvogel mit schwarzem Rücken und weißem Bauch, der das Jahr über auf hoher See lebte und an die Küste kam, um sich zu paaren und in Kolonien zu nisten. An Land wurde er zur leichten Beute der Menschen.

Eine Darstellung des Riesenalks findet sich in der französischen Cosquer-Grotte südöstlich von Marseille. Offenbar war er in der Zeit, aus der sie stammt (19 000 v. Chr.), bis ans Mittelmeer vorgedrungen. Fossilien von Riesenalken fand man an der Stätte Devil's Tower bei Gibraltar, bei La Cotte de Saint Brélade auf der Insel Jersey und in der Grotta Romanelli in Süditalien.

— *Tafel 29* —

Höhlenlöwe

Panthera leo spelaea

Der Höhlenlöwe war eine Großkatze, die vermutlich keine Mähne besaß und ab 300 000 v. Chr. in den Steppen Europas und Sibiriens lebte. Sein Aussterben um 10 000 v. Chr. führt man darauf zurück, dass sein wichtigstes Beutetier, das Rentier, aufgrund einer Klimaveränderung weiter nach Norden zog.
In der Höhlenmalerei finden sich nur wenige Darstellungen dieses Tiers. In der Chauvet-Höhle in Frankreich sind jedoch mehrere Höhlenlöwen abgebildet, und in der Höhle Combarelles, ebenfalls in Frankreich, kann man einen Löwen bewundern, dem eine Löwin folgt. Fossilien entdeckte man unter anderem in einigen deutschen Höhlen, zum Beispiel in der Bilsteinhöhle in Nordrhein-Westfalen und der Kepplerhöhle im Sauerland. 2015 und 2017 wurden im Permafrostboden von Jakutien insgesamt vier Eismumien von jungen Höhlenlöwen gefunden.

Felsbilder

Die frühen Menschen kannten bereits mehrere Künste, darunter Tanz, Musik und Gesang. Das Wissen darüber verdanken wir Darstellungen an Höhlen- und Felswänden sowie Funden von Objekten wie zum Beispiel aus Vogelknochen geschnitzten Flöten. Man nimmt an, dass die Felskunst auch rituellen Charakter hatte. Die ersten Werke waren an die Wand gemalte oder in sie eingravierte Hände. Später entstanden menschenähnliche Figuren, geometrische Zeichen, vor allem aber Tierbilder. Nur wenige Künstler berücksichtigten Maßstab oder Perspektive. Es könnte sein, dass sie Schamanen waren, die ihre Visionen aufzeichneten.

Handpositiv: Die Handfläche wurde mit Pigment bestrichen und dann gegen die Wand gedrückt.

Handnegativ: Die Farbe wurde nach unserem Wissen rings um die auf die Wand aufgelegte Hand wahrscheinlich mithilfe eines Röhrchens aufgeblasen.

Hände
Solche Abbildungen von Händen fand man auf Wänden in den Höhlen im Maros-Pangkep-Karst auf Sulawesi, bei Los Toldos in Argentinien und in der Höhle von Gargas in Frankreich. Es sind nicht nur Hände von Männern, sondern auch von Frauen und Kindern und mitunter sogar von Säuglingen zu erkennen. Als Farben wurden Eisenoxid und andere mit Wasser vermischte Pigmente verwendet. Mitunter erscheinen die Finger verkürzt, wie abgeschnitten, doch vielleicht waren sie beim Auflegen auf die Wand nur gekrümmt gewesen. Oder handelte es sich gar um einen Code? Die Wissenschaft konnte dieses Geheimnis noch nicht entschlüsseln.

Geometrische Zeichen
Bei den an Höhlenwände gemalten Tieren finden sich auch geometrische Figuren, deren Bedeutung bis heute nicht geklärt ist.

Menschen
Menschendarstellungen beschränken sich häufig auf sexuelle Symbolik (Phallus, Vulva), wie zum Beispiel in der Höhle Church Hole in Großbritannien oder der Chauvet-Höhle in Frankreich.
In der Höhle von Cussac in Frankreich wurden weibliche Silhouetten aus der Zeit um 29 000 v. Chr. entdeckt (Abb. 1). Weibliche Figuren entstanden auch um 13 500 v. Chr. in Gönnersdorf in Deutschland (Abb. 2). Ebenfalls in Gönnersdorf sowie in der Höhle von Lalinde in Frankreich fand man Frauendarstellungen auf Steinplatten.
Die jüngsten Beispiele für Felsmalerei in Levante in Spanien, die zwischen 10 000 und 6500 v. Chr. entstanden, zeigen Jäger in Jagdszenen sowie große Gruppen von Bogenschützen und Verletzte, sodass man davon ausgeht, dass es sich hierbei um die frühesten bekannten Darstellungen von Kriegsszenen handelt. Mitunter stößt man auf Figuren, die halb Mensch und halb Tier zu sein scheinen. Zwölf dieser Figuren aus der Zeit um 15 000 v. Chr. fand man in der Höhle von Marsoulas in den französischen Pyrenäen.

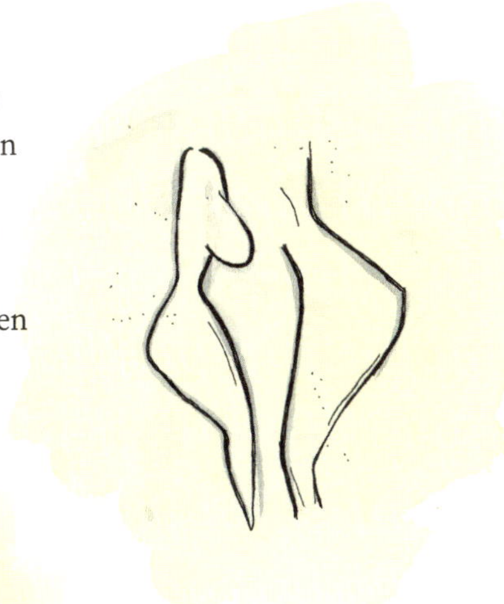

Abb. 2

Abb. 1

Höhle der Pferde in Südspanien

info+

Die Uran-Blei-Datierung ermöglicht die Bestimmung des Alters von mineralischen Stoffen, darunter auch von Pigmenten aus Felsmalereien. Die ältere Radiokarbonmethode ist nur bei organischen Materialien wie Holzkohle oder Knochen anwendbar.

Tiere

Wichtigstes Motiv der Felskunst sind Tiere. Sie wurden auf Wände aufgemalt, in Gestein eingraviert oder aber als Halbrelief herausgearbeitet. Manche Tierarten wurden immer wieder dargestellt, vor allem Pferde, Bisons, Hirsche und Steinböcke. Andere, wie Rentiere und Fische, tauchen nur selten auf, obwohl sie im Alltag der frühen Menschen eine wichtige Rolle gespielt haben müssen. Es ging bei den Felsmalereien also nicht einfach nur darum, Tiere abzubilden, sondern sie waren vermutlich Symbole, deren Bedeutung wir nicht kennen.
Die Tiere wurden zunächst allein dargestellt, ohne begleitende Menschen. Erst später entstanden Jagdszenen oder, mit dem Aufkommen der Landwirtschaft, Bilder von Herden.

Die älteste bis heute bekannte Darstellung eines Tiers ist dieses um 40 000 v. Chr. gemalte Wildrind aus einer Höhle auf Borneo. Vor seiner Entdeckung galten die auf 36 000 v. Chr. datierten 15 Nashörner der Höhle von Chauvet als älteste Felsmalereien.

Die Farben

Für die Farbe Weiß verwendeten die Felsmaler Kreide, für Schwarz Holzkohle, Kohle von Knochen, Magnetit oder Mangandioxid und für Rot eine Mischung aus Ockerpigmenten.

Die in der südafrikanischen Blombos-Höhle gefundene Schale einer Seeohr-Muschel wurde vor 100 000 Jahren als Gefäß für das Mischen von Farbe verwendet. Ein Knochen diente vermutlich zum Anrühren der Farbe. Verzierte Ockerstäbchen wie dieses hier wurden auf 80 000 v. Chr. datiert.

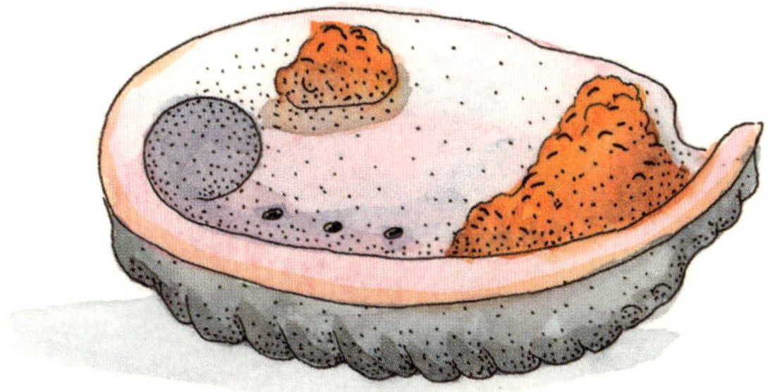

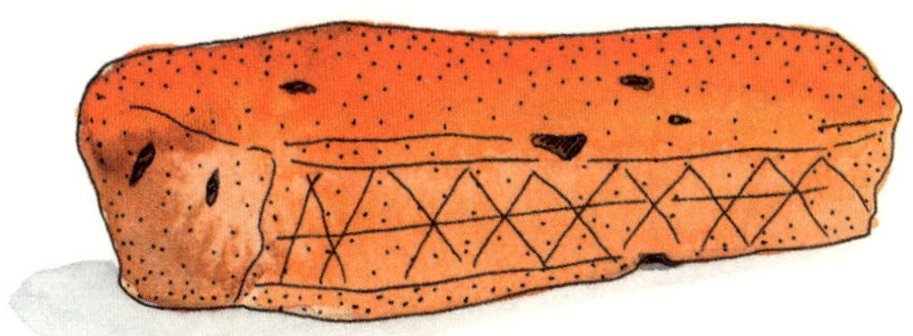

Chauvet-Höhle

Die ältesten bekannten figürlichen Felsmalereien sind die fast 44 000 Jahre alten Bilder in der Höhle von Lubang Jeriji Saléh auf Borneo, die in den Höhlen im Maros-Pangkep-Karst auf Sulawesi (42 000 v. Chr.) und die der Chauvet-Höhle in Frankreich (36 000 v. Chr.). Sie alle sind Werke von *Homo sapiens*.
Doch auch der Neandertaler war künstlerisch aktiv. In der Gorham-Höhle in Gibraltar wurden im Jahr 2014 geometrische Formen gefunden, die um 37 000 v. Chr. von Neandertalern graviert worden waren.

Die erste entdeckte Höhle mit Felsmalereien war 1878 die in der Ardèche in Frankreich gelegene Höhle Chabot. Im Jahr darauf fand man in der Höhle von Altamira in Spanien ebenfalls Felsbilder und 1881 in der Höhle von Pair-non-Pair in Frankreich. Ab 1940 staunte die Welt über die Bilder in der Höhle von Lascaux, ebenfalls in Frankreich. Seither stieß man weltweit auf Hunderte von Höhlen mit verzierten Wänden. In Europa sind ungefähr 280 von ihnen bekannt.

info+

Man nimmt an, dass die Höhle von Lascaux zur Sommersonnenwende vollständig von Sonnenlicht erhellt wurde.

Höhlenhyäne

Crocuta crocuta spelaea

Die Höhlenhyäne trat erstmals vor 500 000 Jahren auf und starb zwischen 20 000 und 10 000 v. Chr. aus. Sie stammte von der vor 1,8 Millionen Jahren aufgetretenen Tüpfelhyäne ab, die in Afrika auch heute noch vertreten ist.
Wir wissen nicht, ob diese nur vorne am Körper getüpfelte Hyäne ein Jäger oder ein Aasfresser war. Trotz ihres Namens kam sie vor allem in Savannen vor. Höhlen dienten ihr nur als Unterschlupf und als Versteck für Beute.
Ein vollständiges Skelett einer Höhlenhyäne wird im Naturkundemuseum von Toulouse ausgestellt. Ein künstlerisch veranlagter *Homo sapiens* verewigte eine Hyäne um 36 000 v. Chr. an einer Wand der Höhle von Chauvet.

Koprolithen von Höhlenhyänen
In der Höhle von Aurignac in Südfrankreich fand man versteinerten Kot, der belegt, dass sich hier vor langer Zeit Höhlenhyänen aufhielten.

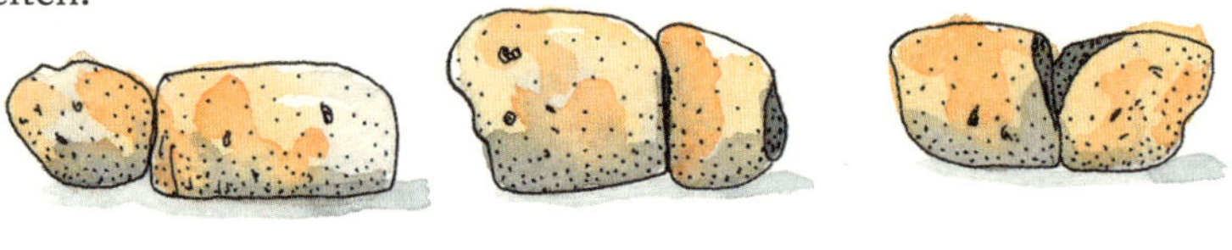

Leopard

Panthera pardus

Der Leopard ist eine gefleckte Großkatze, die mit ihrer geschlagenen Beute auf Bäume klettert, um sie dort in einer Astgabel abzulegen. Heute leben Leoparden ausschließlich in Afrika und Südostasien, doch in Europa wurden vielerorts Fossilien dieser Art gefunden.
Auf Felsmalereien in der algerischen Sahara fallen zwischen Flusspferden, Giraffen und Büffeln auch Leoparden auf. Eine auf 6000 v. Chr. datierte Statuette, die aus der türkischen Jungsteinzeitsiedlung Çatalhöyük stammt, stellt eine Frau auf einem Thron dar, dessen Armlehnen wie Leoparden geformt sind. Dies ist die erste bekannte Darstellung eines Menschen, der über die Tierwelt herrscht!

Ein kleines Steinzeitmuseum verzierter Objekte

Kunstobjekte, die sich ohne Weiteres transportieren lassen, bezeichnet man als „bewegliche Kunst“ oder „Kleinkunst“. Knochen, Elfenbein, Stein oder Geweihstangen wurden bemalt, geritzt oder beschnitzt. Zweifellos entstanden in der Steinzeit auch Gebrauchsgegenstände und Kunstwerke aus Holz, doch weil Holz so große Zeiträume kaum übersteht, wissen wir wenig über sie.

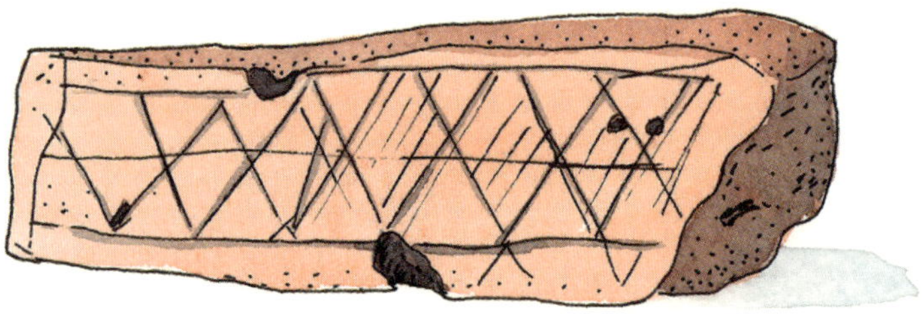

Verzierte Ockerstücke
In der Blombos-Höhle in Südafrika entdeckte man mit waagerechten und diagonalen eingeritzten Linien verzierte Ockerstücke, die auf 100 000 bis 70 000 v. Chr. datiert wurden. Sie zählen zu den ältesten bekannten Kunstobjekten.

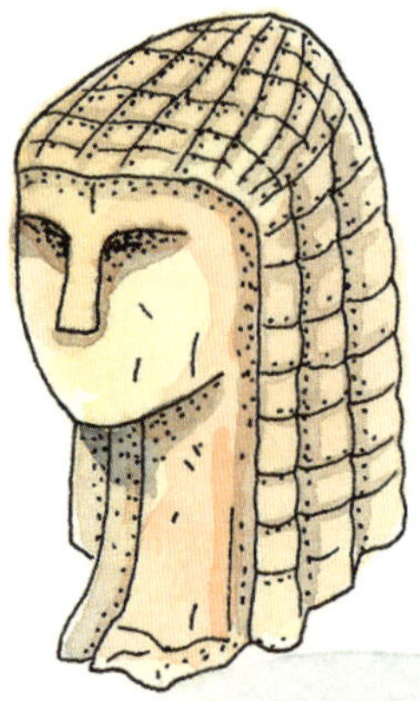

Abb. 1

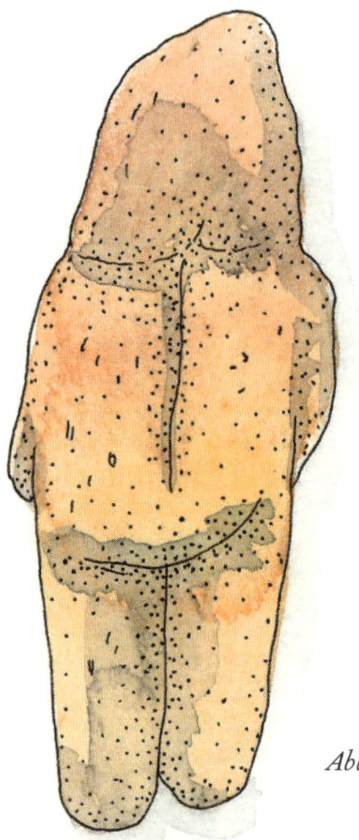

Abb. 2

Frauenstatuetten oder steinzeitliche Venusfiguren
Die „Venus von Brassempouy“ ist ein Fragment einer Statuette aus Mammut-Elfenbein, die 1894 in einer Höhle bei Brassempouy in Frankreich gefunden wurde (Abb. 1). Sie stammt aus der Zeit zwischen 29 000 und 22 000 v. Chr. und ist die älteste bekannte realistische Darstellung eines menschlichen Gesichts.
Nach aktuellem Stand der Forschung wurden insgesamt ungefähr 200 Frauenstatuetten aus Elfenbein, Stein oder Ton gefunden. Sie alle sind zwischen vier und 25 Zentimeter hoch und deuten mit ihren breiten Hüften und vollen Brüsten auf Mutterschaft und Sexualität hin. Die älteste bekannte ist die in Marokko entdeckte, zwischen 500 000 und 300 000 v. Chr. entstandene Venus von Tan-Tan (Abb. 2). Aber ob sie wirklich ein Kunstwerk ist, bleibt umstritten, denn ihre Form könnte auch auf natürliche Weise entstanden sein.

Schmuckobjekte
Schmuck hat immer auch eine soziale Bedeutung. Er besitzt einen Symbolwert, und deshalb sind Schmuckstücke so etwas wie Elemente einer besonderen Sprache.

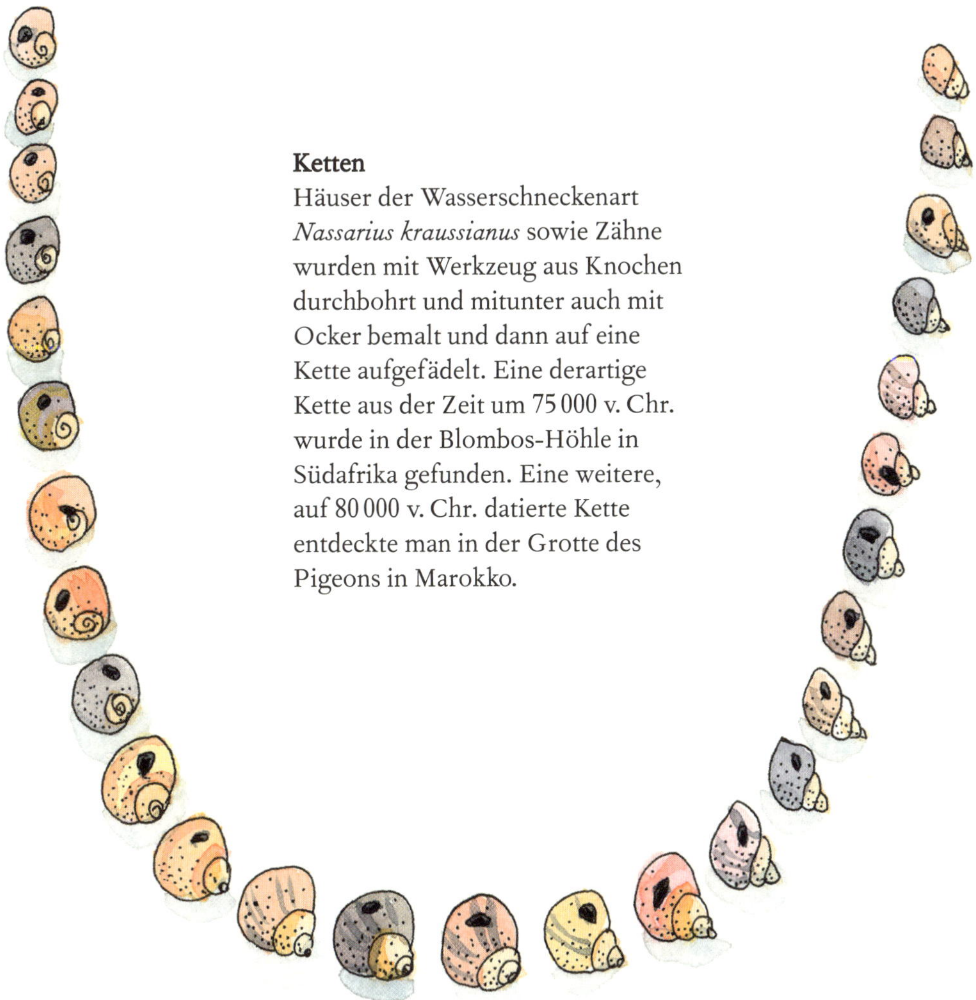

Ketten
Häuser der Wasserschneckenart *Nassarius kraussianus* sowie Zähne wurden mit Werkzeug aus Knochen durchbohrt und mitunter auch mit Ocker bemalt und dann auf eine Kette aufgefädelt. Eine derartige Kette aus der Zeit um 75 000 v. Chr. wurde in der Blombos-Höhle in Südafrika gefunden. Eine weitere, auf 80 000 v. Chr. datierte Kette entdeckte man in der Grotte des Pigeons in Marokko.

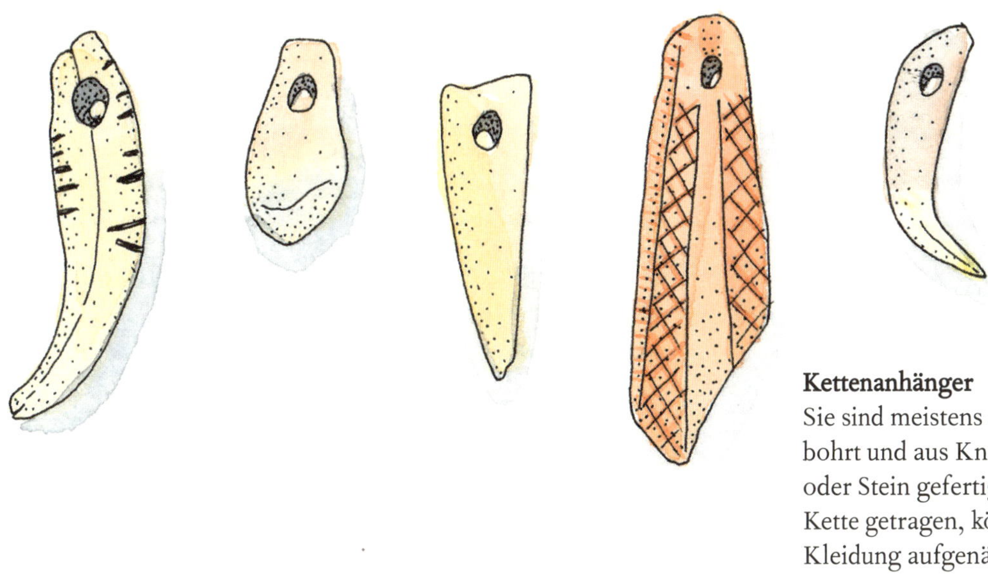

Kettenanhänger
Sie sind meistens abgeflacht, durchbohrt und aus Knochen, Elfenbein oder Stein gefertigt. Anstatt an einer Kette getragen, könnten sie auch auf Kleidung aufgenäht gewesen sein.

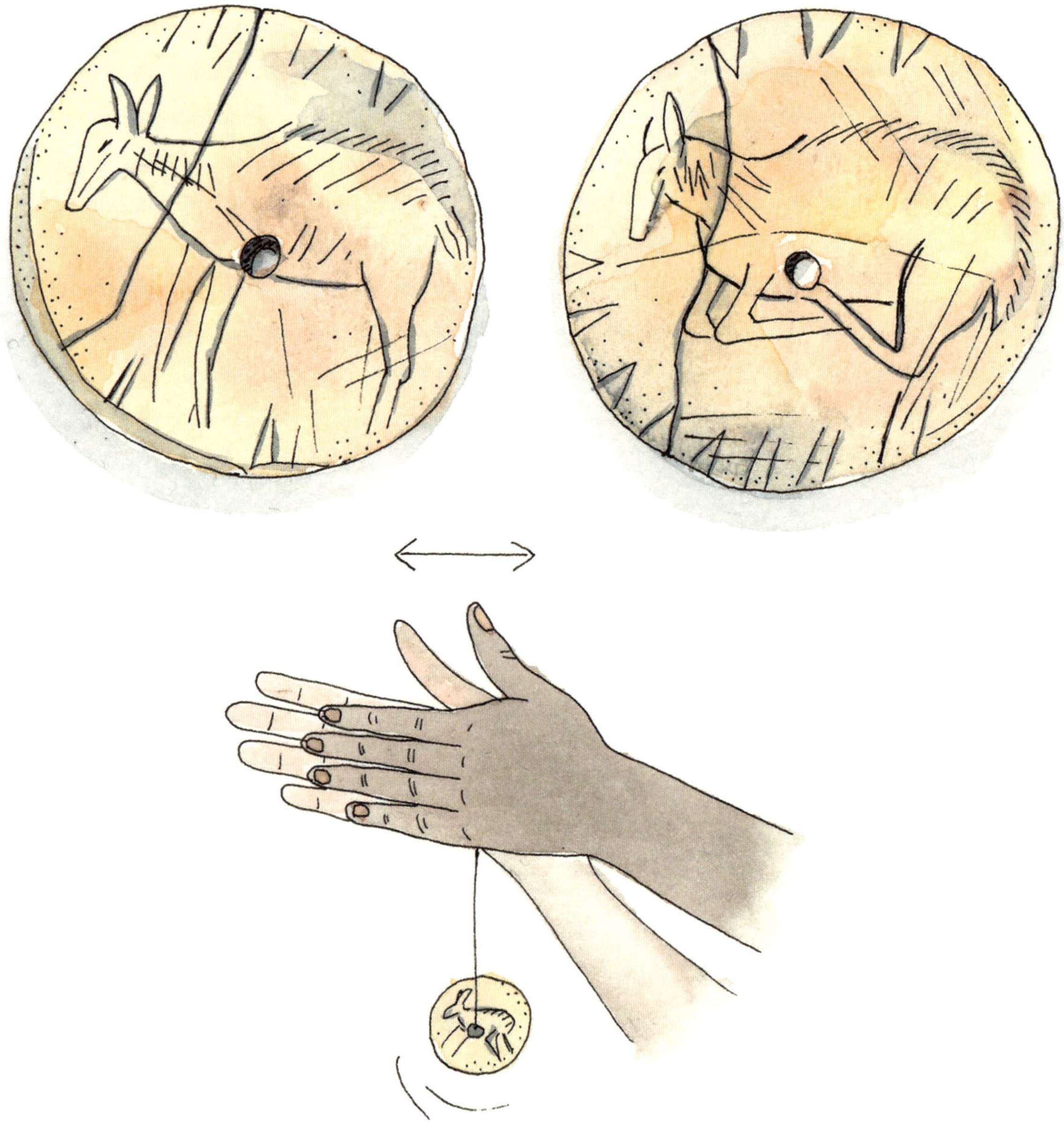

Täfelchen
Steinzeitmenschen ritzten in Steinplättchen oder runde Knochenplättchen, die aus Schulterblättern von Tieren geschnitten waren, Figuren oder Formen ein. Das an der Fundstätte Laugerie-Basse in Frankreich entdeckte Knochenplättchen, in das auf beiden Seiten eine Gämse eingraviert ist, könnte vielleicht so etwas wie ein „Steinzeit-Kino" gewesen sein: Auf der einen Seite sind die Beine der Gämse ausgestreckt und auf der anderen Seite nach innen gebogen, in der Mitte des Plättchens ist ein Loch. Fädelt man einen Faden durch das Loch und dreht das Plättchen sehr schnell, sieht man das Tier laufen.

Verzierte Umrisse
Steinzeitmenschen ritzten in interessant geformte Knochenstücke Linien ein, um Dinge darzustellen. So wurden Teile von Zungenbeinknochen zu Pferdeköpfen.

Sind **Sammlungen von natürlichen Objekten** nicht auch eine Kunstform? Neandertaler sammelten eigenartig geformte Steine oder Fossilien, die für sie keinen uns bekannten Nutzen hatten – vielleicht einfach nur, weil sie sie schön fanden.

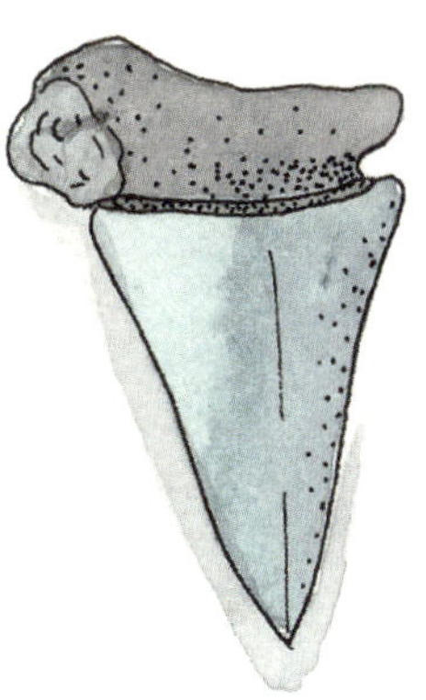

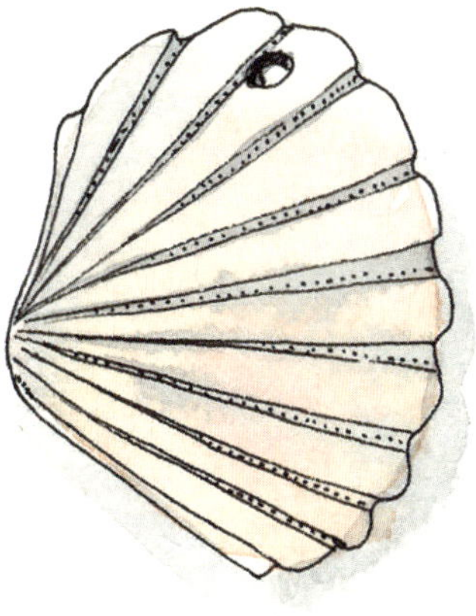

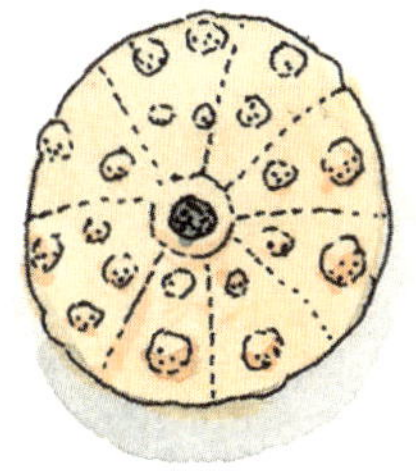

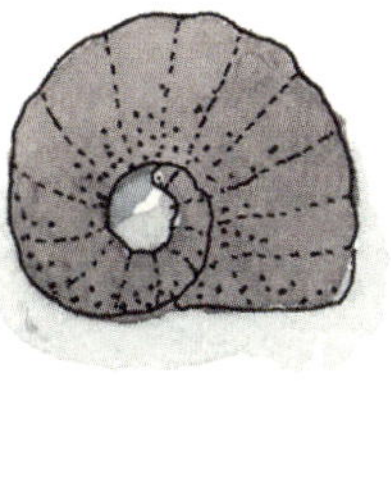

Diprotodon

Der schon vor langer Zeit ausgestorbene Diprotodon aus der Ordnung der Diprotodontia war ein ungefähr drei Meter langes und zwei Meter hohes Beuteltier und lebte in Australien. Den Namen, der im Griechischen „vorne zwei Zähne“ bedeutet, verdankte er seinen vorstehenden Schneidezähnen. Er wurde 1838 erstmals von Richard Owen beschrieben, jenem britischen Wissenschaftler, der das Wort „Dinosaurier“ prägte. Diprotodon soll um 300 000 v. Chr. erstmals aufgetreten sein (manchen Forschern zufolge sogar schon vor 1,6 Millionen Jahren) und lebte bis etwa 44 000 v. Chr., also bis zu der Zeit, in der die ersten Menschen den Kontinent besiedelten. Er war ein Pflanzenfresser und liebte offenes Gelände. Die anderen großen Säugetiere Australiens verschwanden gleichzeitig mit ihm. Ursache dafür könnte Bejagung durch die Menschen oder aber eine Klimaveränderung gewesen sein. Hohlräume in seinem Schädel machten diesen leichter, aber auch zerbrechlicher, sodass nur wenige Exemplare erhalten sind. 2012 wurden in Queensland im Nordosten Australiens Fossilien von mindestens 20 dieser Tiere gefunden.

info+

Auch die heutigen Arten der Wombats und Koalas gehören einer Unterordnung der Diprotodontia an.

Glyptodon

Glyptodon clavipes

Der Glyptodon war ein Säugetier aus der Ordnung der Gepanzerten Nebengelenktiere. Er wurde bis zu drei Meter lang und über eine Tonne schwer und lebte vor 30 Millionen Jahren in Südamerika. Sehr wahrscheinlich ist, dass er kurz nach Ankunft des Menschen in Südamerika ausstarb, denn es gab mehrere Arten, die alle gleichzeitig verschwanden. Er war von einem knochigen Panzer geschützt und sein Schwanz bestand aus beweglichen Knochenringen. Seine natürlichen Feinde waren Jaguar und Säbelzahnkatze, die ihn durch einen Biss in den ungeschützten Kopf töten konnten.
Gemalte, möglicherweise schon um 30 000 v. Chr. entstandene Darstellungen von Glyptodonten fand man an Felswänden in Pedra Furada in Brasilien.

Smilodon, eine Gattung der Säbelzahnkatzen

Bestattungen

An der spanischen Fundstelle Sima de los Huesos in der Sierra de Atapuerca wurden die Überreste von ungefähr 30 *Homo heidelbergensis* gefunden. Bei ihnen lag ein aus Quarz gefertigter, blau und orangefarben schillernder Faustkeil, dem die Archäologen den Spitznamen „Excalibur" gaben. Wir wissen nicht, ob es sich um eine Grabstätte handelt oder ob die Leichen zum Schutz vor Aasfressern in die Karsthöhle geworfen wurden.

Nicht immer kann man herausfinden, ob frühe Menschen tatsächlich beigesetzt wurden. Gesichert aber ist, dass Hominini ihre Toten sorgfältig bestatteten und dabei mitunter auch ein Ritual abhielten oder Opfer darbrachten. Das belegt, dass sie sich auch mit metaphysischen Fragen befassten, ein weiteres Kriterium, das sie von Tieren unterschied. Weil die Leichen auf bestimmte Weise ausgerichtet wurden und man bei ihnen mitunter Grabbeigaben findet, geht man davon aus, dass diese frühen Menschen gewisse Vorstellungen von Spiritualität und einem Leben nach dem Tod hatten. In der Tabun-Höhle in Israel fand man das Skelett eines um 120 000 v. Chr. bestatteten weiblichen Neandertalers. Die Überreste eines neunjährigen Neandertaler-Kindes mitsamt Grabbeigaben wurden in der Teschik-Tasch-Höhle in Usbekistan entdeckt.

In späterer Zeit wurden die Leichen besser ausgestattet: Bei Sungir in Russland fand man eine auf etwa 28 000 v. Chr. datierte Männerleiche zusammen mit 25 Armreifen aus Elfenbein und 3000 Perlen, die vermutlich auf ein Kleidungsstück aufgestickt gewesen waren. Das „Kind von La Madeleine" ist ein auf 10 000 v. Chr. datiertes Skelett eines ungefähr sechsjährigen Kindes, das an der Fundstelle La Madeleine gefunden wurde. Bei ihm lagen über 1000 Muscheln, zwei Eckzähne eines Fuchses und zwei Hirschzähne. Vermutlich waren all diese Objekte auf seine Kleidung aufgenäht gewesen.
Um 8000 v. Chr., in der Jungsteinzeit, wurde *Homo sapiens* sesshaft, entwickelte die Landwirtschaft und legte Dörfer an. Eine Stelle in Dorfnähe wurde zum Ruheplatz für die Toten bestimmt. Verstorbene Männer wurden mit Objekten bestattet, die mit der Jagd zu tun hatten, wie etwa Pfeile oder Zähne von Bären, Wildschweinen und Hirschen. Die Grabbeigaben von Frauen und Kindern waren Alltagsgegenstände wie Werkzeug, Muschelketten oder Getreidemühlen. Über manchen Gräbern wurden Megalithen errichtet (siehe Tafel 40).
Gegen 4500 v. Chr. begann man, Gefäße auf die Gräber zu stellen.

info+

Neandertaler begruben die Verstorbenen kurz nach ihrem Tod oder setzten sie vor der Bestattung einige Zeit lang der Luft und dem natürlichen Verfall aus. Vermutlich kannten sie auch einen Ahnenkult.

Megalithkulturen

Megalithen sind Steinkonstruktionen aus der Jungsteinzeit. Große Steinblöcke wurden aus kultischen Gründen oder als Grabmarkierung aufgestellt, hintereinander aufgereiht (Alignment) oder zum Bau einer Kammer genutzt (Dolmen aus Tragsteinen und Deckplatte). Solche Megalithen findet man auf allen Kontinenten, allerdings jeweils mit regionaler Ausprägung. In der heutigen Türkei entstanden schon um 9000 v. Chr. megalithische Anlagen. Ein Beispiel sind die Steinpfeiler der Anlage von Göbekli Tepe, die vermutlich eine sakrale Stätte markierten. In Europa trat die Megalithkultur erst gegen 6000 v. Chr. auf.

Alignment

Die europäische Megalithkultur brachte unterschiedliche Konstruktionsformen hervor.

Dolmen unter Erdhügel

Dolmen unter Erdhügel

Großes Megalithgrab

Statuenmenhire

Rotes Riesenkänguru

Macropus rufus

Ebenso wie die anderen Känguruarten ist auch das Rote Riesenkänguru ein pflanzenfressendes Beuteltier mit kräftigen Hinterbeinen, die ihm weite Sprünge ermöglichen. Die Vorderbeine dagegen sind kurz, aber es kann sie im Kampf einsetzen wie ein Boxer. 2014 stellten Forscher fest, dass es den aus einer Vielzahl von Wirbeln zusammengesetzten Schwanz wie ein „fünftes Bein“ einsetzt, mit dem es sich beim Sprung vom Boden abstößt und im Stand abstützt. Das Rote Riesenkänguru lebte bereits vor dem Eintreffen der ersten Menschen in Australien. Es war Zeitgenosse des Diprotodon (siehe Tafel 37), von Riesenvögeln wie dem Donnervogel (siehe Tafel 20), von sieben Meter langen Echsen und von Schildkröten, die so groß wie unsere Autos wurden. Auf einer Felswand des Kimberley-Plateaus in Australien sind Hunderte von Kängurudarstellungen zu sehen, die mit Männern, Frauen, Kindern und menschenähnlichen Figuren „tanzen“. Sie stammen aus der Zeit um etwa 15 000 v. Chr.

info+

Noch wesentlich größer als das Rote Riesenkänguru war *Procoptodon goliah*, das Goliathkänguru, das um 40 000 v. Chr. ausstarb.

Landschildkröte

Landschildkröten besitzen einen hoch aufgewölbten Panzer und leben in den warmen Regionen aller Kontinente mit Ausnahme Australiens. Die im Jahr 2000 entdeckte Qesem-Höhle bei Tel Aviv wurde von 400 000 bis 200 000 v. Chr. von Menschen bewohnt. Archäologen entdeckten in der Höhle Überreste einer vielfältigen Ernährung: Die Höhlenbewohner aßen Säugetiere und Pflanzen sowie kleine Landschildkröten. Im Laufe der Zeit veränderte sich die Methode, an das Schildkrötenfleisch zu kommen: Die Panzer wurden auf sehr präzise Weise aufgeschnitten oder das Tier wurde im unversehrten Panzer gegart. Zweifellos konnten die Schildkröten in der Nähe der Wohnhöhle gehalten werden und stellten eine wertvolle Nahrungsreserve dar.
In einem auf 12 000 v. Chr. datierten Grab in der Höhle von Hilazon Tachtit in Israel, in dem möglicherweise eine Schamanin bestattet wurde, fand man 50 Schildkrötenpanzer. Und in dem Grab einer Frau aus der Mittelsteinzeit, das in Bad Dürrenberg in Sachsen-Anhalt entdeckt wurde, lag ein Schildkrötenpanzer neben Werkzeugen und Skelettresten von Tieren. Sie werden im Landesmuseum für Vorgeschichte in Halle ausgestellt.

info+

Auch Schildkröten wurden in Felsmalereien verewigt. Eine Darstellung von Schlangenhalsschildkröten findet sich am Ubirr Rock im australischen Kakadu-Nationalpark.

— *Tafel 42* —

Jäger und Sammler werden sesshaft

In vielen Regionen der Erde gaben die Menschen in der Jungsteinzeit das Jagen und Sammeln auf und widmeten sich dem Ackerbau und der Viehzucht. Diese wichtige Veränderung bezeichnet man als neolithische Revolution („Neolithikum“ ist ein anderes Wort für Jungsteinzeit). Sie setzte im Nahen Osten, genauer gesagt in Mesopotamien, um 9000 v. Chr. ein, in Europa und am Nil gegen 6000 v. Chr.
Die Menschen wurden sesshaft und bauten sich Häuser. Das Handwerk entwickelte sich auf höherem Niveau. Unter diesen günstigen Bedingungen wurden mehr Kinder geboren und die Menschen lebten länger. Sie begannen, für die Zukunft zu planen. Ihre Kultur wurde komplexer. Ein Beispiel dafür sind die Megalithkulturen (siehe Tafel 40).

Angebaute Pflanzen

Linse

Knoblauch

Erbsen

Arbeitsgeräte

Dreschschlitten
Der Holzschlitten wurden von Rindern gezogen. Sie traten mit ihren Hufen auf die Getreideähren, die dadurch aufplatzten. Unter dem Gewicht des Schlittens sprangen die Körner aus den Ähren.

Zweirädriger Karren
Einer der frühesten bekannten Karren ist auf 4000 v. Chr. datiert. Er wird der Kurgankultur zugerechnet, die im heutigen Russland entstand und deren Völker ihre Angehörigen in Hügelgräbern bestatteten.

Domestikation und Viehzucht

Die Menschen begannen, Tiere als Haustiere oder wegen ihrer Milch, ihrer Eier, ihrer Wolle, ihres Leders oder ihres Fleisches oder aber als Last- oder Zugtiere zu halten, sie also zu domestizieren.

Hund
Der Hund stammt von Wölfen ab, die um 16 000 v. Chr. in Europa, um 9000 v. Chr. in China und um 6000 v. Chr. in der Türkei domestiziert wurden.

Katze
Dank der Entdeckung einer Katze, die auf Zypern im Grab ihres Besitzers bestattet wurde, wissen wir, dass Katzen spätestens um 7500 v. Chr. domestiziert wurden.

Schwein
Um 6500 v. Chr. domestiziert

Ziege, Schaf und Rind wurden schon vor 7000 v. Chr. domestiziert.

Das **Pferd** wurde um 3000 v. Chr. domestiziert, um Karren zu ziehen.

Hühner wurden spätestens um 2000 v. Chr. domestiziert.

Häuser der Jungsteinzeit

Die Menschen entwickelten die unterschiedlichsten Gebäudearten, um sich eine Behausung zu schaffen.

Holzpfostenbau mit Lehmputz und Strohdach

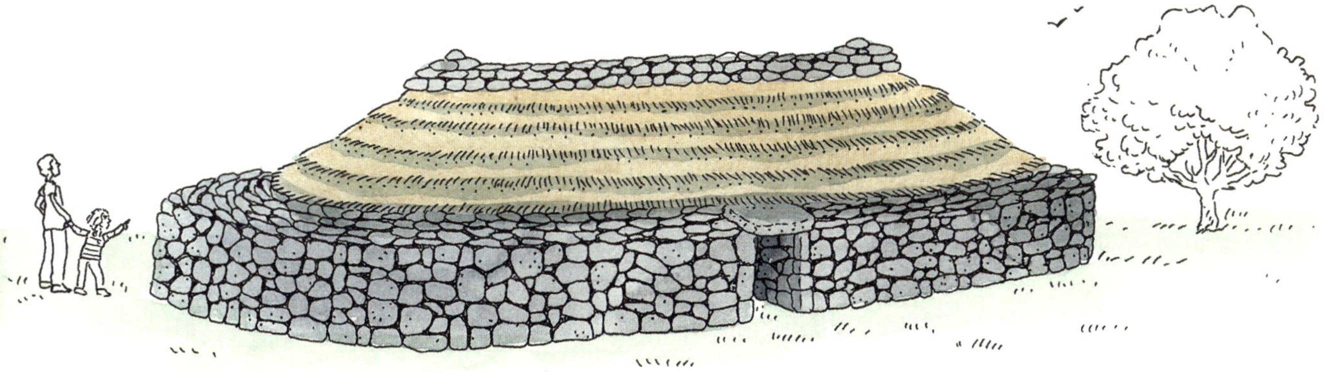

Haus aus Trockenmauerwerk

Pfahlbauten

Handwerk

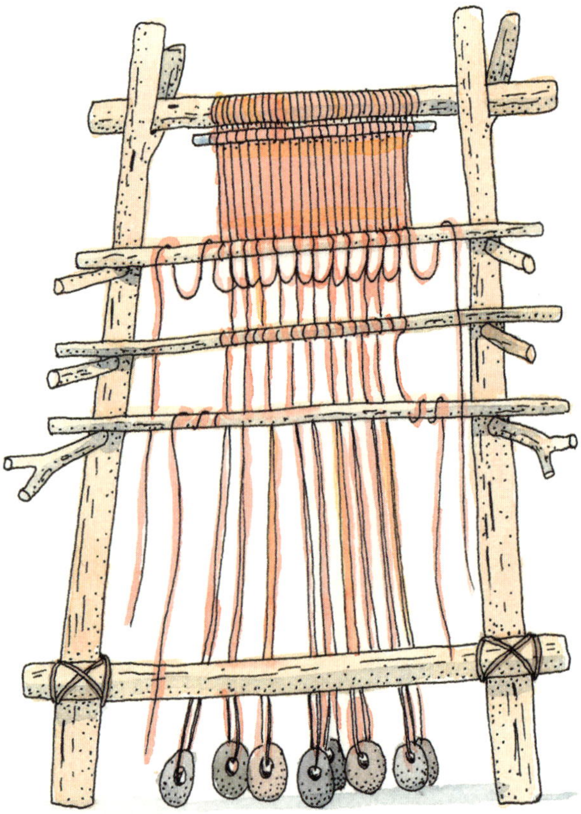

Korbflechten
Körbe dienten als Gefäße für Transport und Lagerung und wurden in der Mittelsteinzeit ab 10 000 v. Chr. geflochten.

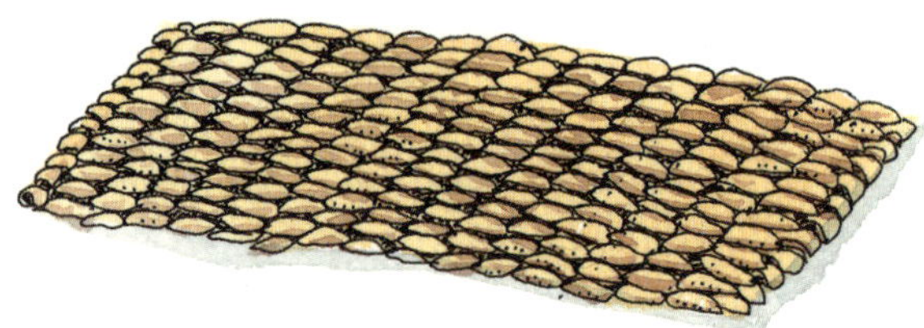

Weben
Das Weben mit Garnen aus Leinen kam um 7000 v. Chr. auf, das mit gesponnener Wolle ab 4000 v. Chr.

Metallverarbeitung
Im Nahen Osten fand man kleine Gegenstände aus gehämmertem Kupfer aus der Zeit um 7000 v. Chr. Das Schmelzen von Metallen wie Kupfer, Gold und Silber kam erst gegen 5000 v. Chr. auf.

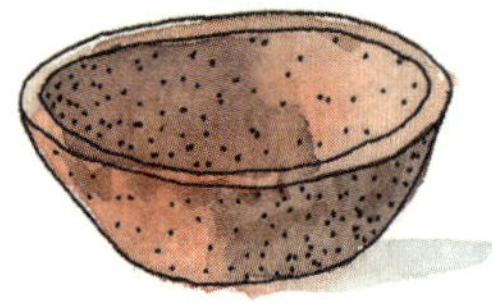

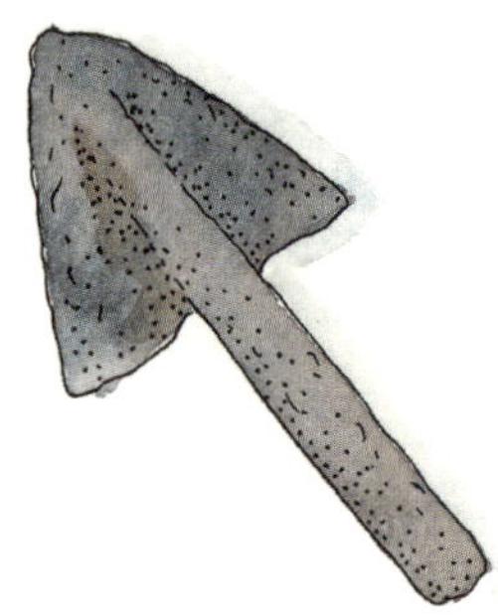

Töpfern
In getöpferten Gefäßen konnten Lebensmittel gelagert werden. Die Töpferei kam um 12 000 v. Chr. in China und Japan auf und um 7000 v. Chr. im Nahen Osten.

Nord-Giraffe

Giraffa camelopardalis

Die Nord-Giraffe ist ein wiederkäuender Paarhufer, der (mit Hals gemessen) eine Höhe von fünf Metern erreichen kann. Heute kommt sie in Zentral- und Ostafrika und im südlichen Afrika vor. In der Urzeit war sie auch in Nordafrika heimisch. Dank ihres langen Halses erreicht sie auch Blätter an hohen Ästen. Der wissenschaftliche Artname *camelopardalis* fasst zusammen, dass ihr Aussehen sowohl an das Kamel (wegen des Halses) als auch an den Leoparden (wegen der Flecken) erinnert.
Knochen von *Giraffa camelopardalis* fand man an der steinzeitlichen Stätte el-Aliya in Marokko, Knochen der inzwischen ausgestorbenen Art *Giraffa pomeli* an der Stätte Aïn el-Hanech in Algerien. Künstler einer Jäger- und Sammlergruppe malten um 6000 v. Chr. auf Felswände in der damals grünen und fruchtbaren Sahara Giraffen. Im Wadi Oued Djerat in Algerien wurden 154 Giraffendarstellungen gezählt. Zwölf davon sind Teil eines riesigen Gemäldes, auf dem die größte Giraffe 8,5 Meter hoch ist!

Krokodil

In der Urzeit lebten in wasserreichen warmen Regionen verschiedene Krokodilarten.
Um 6000 v. Chr. malten und ritzten Menschen aus Jäger- und Sammlergruppen Krokodile in Felswände des Fessan im heutigen Libyen und des Wadi Oued Djarat in Algerien ein. Also muss es in diesen heutigen Wüstenregionen damals warm und feucht gewesen sein.

info+

Das Fossil einer Rindergiraffe *(Sivatherium giganteum)* wurde 1836 in Indien entdeckt und beschrieben. Dank einer 2016 entstandenen 3D-Rekonstruktion wissen wir heute, dass diese um 10 000 v. Chr. ausgestorbene Art auf dem Kopf abgeflachte Hörner trug. Heutige Giraffen besitzen weder Hörner noch Geweih, sondern zwei mit Fell bewachsene Knochenzapfen.

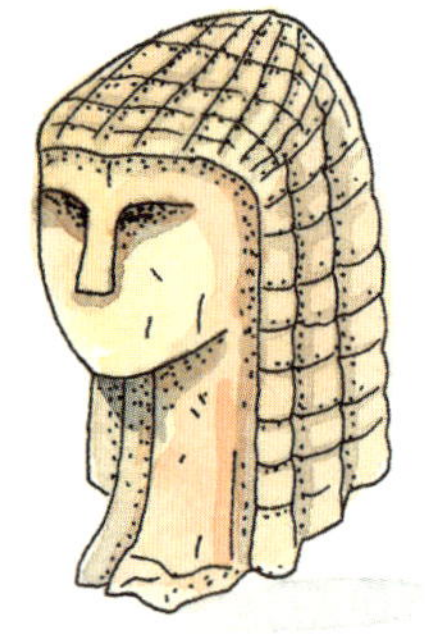

MUSEEN ZUR URGESCHICHTE

DEUTSCHLAND

- **Archäologisches Freilichtmuseum Oerlinghausen**
  Am Barkhauser Berg 2–6
  33813 Oerlinghausen
  www.afm-oerlinghausen.de
- **Deutsches Höhlenmuseum Iserlohn**
  Dechenhöhle 5
  58644 Iserlohn
  www.dechenhoehle.de
- **Federseemuseum Bad Buchau**
  August Gröber Platz
  88422 Bad Buchau
  www.federseemuseum.de

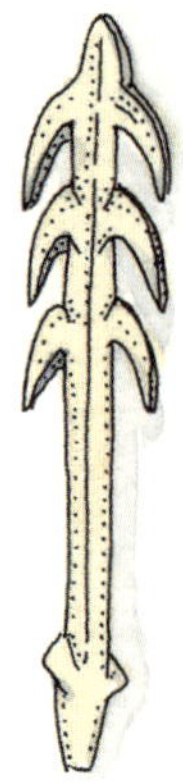

- **Forschungsmuseum Schöningen**
  Paläon 1
  38364 Schöningen
  www.forschungsmuseum-schoeningen.de
- **Geologisch-Paläontologisches Museum Münster**
  Pferdegasse 3
  48149 Münster (Westfalen)
  www.uni-muenster.de/Geomuseum
- **Landesmuseum für Vorgeschichte Halle (Saale)**
  Richard-Wagner-Straße 9
  06114 Halle (Saale)
  www.landesmuseum-vorgeschichte.de
- **Landesmuseum Württemberg**
  Altes Schloss – Schillerplatz 6
  70173 Stuttgart
  www.landesmuseum-stuttgart.de
- **LVR – LandesMuseum Bonn**
  Colmantstr. 14–16
  53115 Bonn
  www.landesmuseum-bonn.lvr.de
- **MONREPOS – Archäologisches Forschungszentrum und Museum für menschliche Verhaltensevolution**
  Schloss Monrepos
  56567 Neuwied
  www.monrepos.rgzm.de
- **Museum für Archäologie Schloss Gottorf**
  Landesmuseen SH
  Schlossinsel 1
  24837 Schleswig
  www.museum-fuer-archaeologie.de

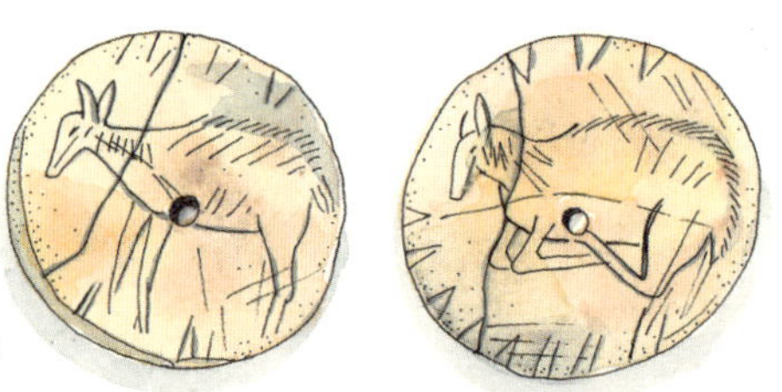

- **Museum für Ur- und Frühgeschichte**
  Burgstraße 19
  85072 Eichstätt
  www.eichstaett.de/poi/museum_fuer_ur-_und_fruehgesch-1762
- **Museum für Ur- und Frühgeschichte Thüringens**
  Humboldtstraße 11
  99423 Weimar
  www.alt-thueringen.de/museum
- **Museum für Vor- und Frühgeschichte der Staatlichen Museen zu Berlin – Neues Museum**
  Bodestraße 1–3
  10178 Berlin
  www.smb.museum/museen-einrichtungen/museum-fuer-vor-und-fruehgeschichte
- **Naturkunde- und Mammut-Museum Siegsdorf**
  Auenstraße 2
  83313 Siegsdorf
  www.museum-siegsdorf.de
- **Neanderthal Museum**
  Talstraße 300
  40822 Mettmann
  www.neanderthal.de
- **Paläontologisches Museum München**
  Richard-Wagner-Straße 10
  80333 München
  bspg.palmuc.org
- **Staatliches Museum für Naturkunde Stuttgart**
  Rosenstein 1
  70191 Stuttgart
  www.naturkundemuseum-bw.de
- **Urgeschichtliches Museum Blaubeuren**
  Kirchplatz 10
  89143 Blaubeuren
  www.urmu.de

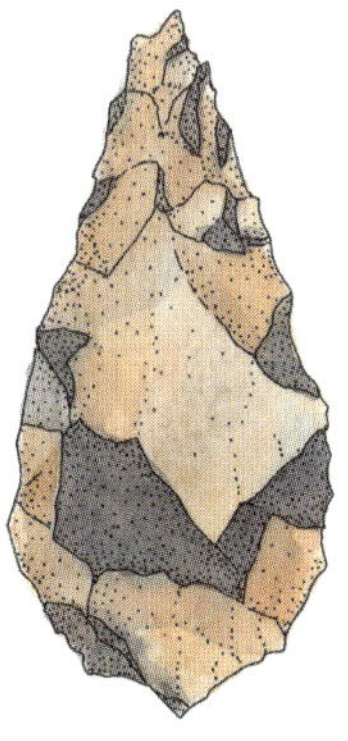

ÖSTERREICH

- **MAMUZ Museum Mistelbach**
  Waldstraße 44–46
  A-2130 Mistelbach
  www.mamuz.at
- **MAMUZ Schloss Asparn/Zaya**
  Schlossgasse 1
  A-2151 Asparn an der Zaya
  www.mamuz.at
- **Naturhistorisches Museum Wien**
  Burgring 7
  A-1010 Wien
  www.nhm-wien.ac.at/museum

SCHWEIZ

- **Laténium**
  Espace Paul Vouga
  CH-2068 Hauterive
  www.latenium.ch
- **Museum für Urgeschichte(n)**
  Hofstrasse 15
  CH-6300 Zug
  www.urgeschichte-zug.ch

STEINZEIT – HÖHLEN UND FUNDSTÄTTEN

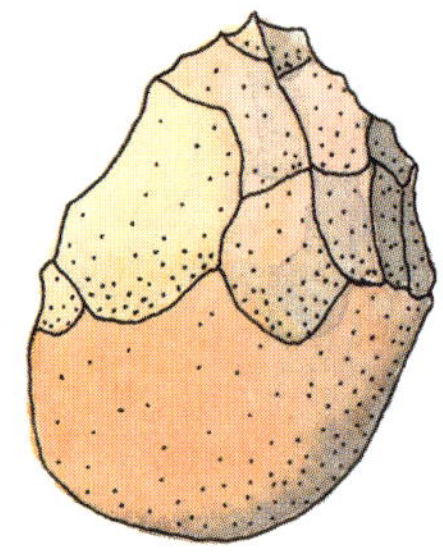

EUROPA

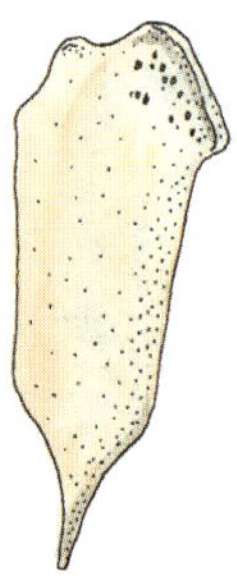

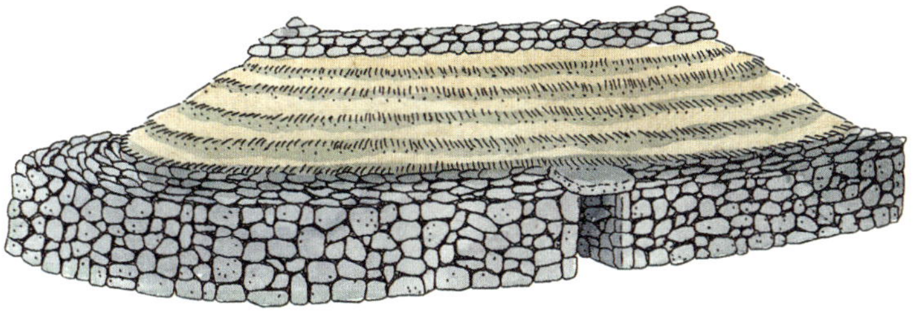

GIBRALTAR

- Fundstätte Devil's Tower (Gibraltar) – Tafel 29
- Gorham-Höhle (Gibraltar) – Tafel 32

AFRIKA

- Blombos-Höhle (Südafrika) – Tafel 28, 32, 35
- Felswände in der algerischen Sahara – Tafel 34, 46
- Fundstätte Djebel Irhoud (Marokko) – Tafel 22
- Grotte des Pigeons (Marokko) – Tafel 35
- Prähistorische Fundstätte Aïn el-Hanech (Algerien) – Tafel 46
- Prähistorische Fundstätte el-Aliya (Marokko) – Tafel 46
- Wonderwerk-Höhle (Südafrika) – Tafel 26

ASIEN

- Fundstätte Sungir (Russland) – Tafel 39
- Höhlen im Maros-Pangkep-Karst (Sulawesi, Indonesien) – Tafel 21, 31, 32
- Höhle von Hilazon Tachtit (Israel) – Tafel 42
- Höhle von Lubang Jeriji Saléh (Borneo, Indonesien) – Tafel 32
- Jungsteinzeitsiedlung Çatalhöyük (Türkei) – Tafel 34
- Megalithanlage von Göbekli Tepe (Türkei) – Tafel 40
- Qesem-Höhle (Israel) – Tafel 42
- Tabun-Höhle (Israel) – Tafel 39
- Teschik-Tasch-Höhle (Usbekistan) – Tafel 39

SÜDAMERIKA

- Fell's Höhle (chilenisches Patagonien) – Tafel 13
- Fundstätte Pedra Furada (Brasilien) – Tafel 28, 38
- Höhlen von Los Toldos (argentinisches Patagonien) – Tafel 13, 31

AUSTRALIEN

- Kakadu-Nationalpark, Ubirr Rock (Australien) – Tafel 42

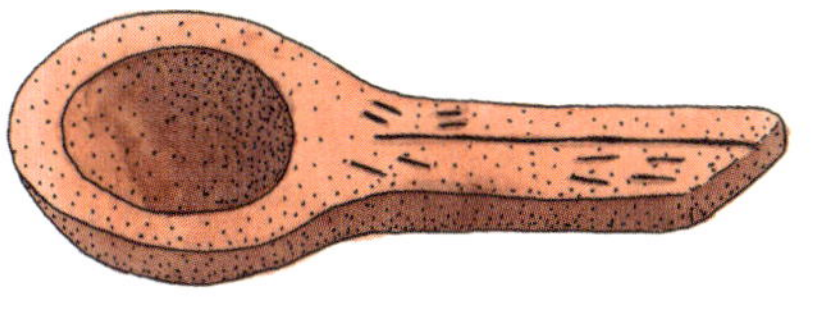